Um fio de nada

Diogo Pires Aurélio

Um fio de nada

Ensaio sobre a tolerância

wmf martinsfontes

SÃO PAULO 2010

Copyright © 2010, Editora WMF Martins Fontes Ltda.,
São Paulo, para a presente edição.

1ª edição portuguesa 1997
(Cosmos, Lisboa)
1ª edição brasileira 2010

Acompanhamento editorial
Helena Guimarães Bittencourt
Preparação do original
Letícia Braun
Revisões gráficas
Ana Maria Alvares
Solange Martins
Edição de arte
Katia Harumi Terasaka
Produção gráfica
Geraldo Alves
Paginação
Moacir Katsumi Matsusaki

Dados Internacionais de Catalogação na Publicação (CIP)
(Câmara Brasileira do Livro, SP, Brasil)

Aurélio, Diogo Pires
 Um fio de nada : ensaio sobre a tolerância / Diogo Pires Aurélio. – São Paulo : Editora WMF Martins Fontes, 2010.

Bibliografia.
ISBN 978-85-7827-254-8

1. Filosofia – Ensaios 2. Filosofia moderna 3. Tolerância
I. Título.

10-01375   CDD-190.2

Índices para catálogo sistemático:
1. Ensaios : Filosofia moderna   190.2

Todos os direitos desta edição reservados à
Editora WMF Martins Fontes Ltda.
Rua Conselheiro Ramalho, 330 01325-000 São Paulo SP Brasil
Tel. (11) 3293.8150 Fax (11) 3101.1042
e-mail: info@wmfmartinsfontes.com.br http://www.wmfmartinsfontes.com.br

Índice

Prefácio à presente edição IX

Introdução 1

I. O que é tolerar
  1. Significados 11
  2. A razão tolerante 17
  3. A intolerância da razão 33
  4. A natureza intolerante 45
  5. O culto da diferença 55

II. Tolerar por quê?
  6. As ambiguidades do Livro 77
  7. "O jardim das veredas que se bifurcam" 89
  8. Uma questão de prudência 101

III. Tolerar o quê?
  9. Os limites da tolerância 119
  10. O intolerável 127

IV. Como tolerar
  11. O sentido comum e a reciprocidade dos lugares .. 137

Referências bibliográficas 153
Índice analítico 161

*À memória de António Maria Aurélio,
meu pai.*

Prefácio à presente edição

A ideia de tolerância foi sempre alvo de críticas e desconfianças de todo gênero, não obstante a aparente unanimidade que reina à sua volta. Os conservadores censuram-lhe a moleza em relação ao que consideram não estar de acordo com o "normal" e que deveria, por isso mesmo, ser proibido ou subalternizado, em vez de tolerado. Os revolucionários, por seu turno, consideram-na uma hipocrisia dos grupos dominantes, que pregam tolerância ou caridade para com os cidadãos pertencentes a grupos minoritários, quando o que deviam era reconhecê-los como iguais e atribuir-lhes idênticos direitos. Uns como outros prefeririam a clareza da ordem jurídica às ambiguidades da tolerância, muito embora os primeiros tenham em mente uma ordem fundada na hierarquia, natural ou histórica, das condições individuais, enquanto os segundos defendem uma ordem inteiramente assente no princípio da igualdade.

Tal desconfiança perante a ideia de tolerância nasceu com ela própria, nos alvores da modernidade, e dura até os dias de hoje. O conde de Mirabeau, melhor que ninguém, retratou-a em 1789, na Assembleia Constituinte da França: "o poder de tolerar atenta contra a liberdade de pensamento, pelo fato mesmo de que tolera e, por conseguinte, poderia não tolerar". Às vezes, ainda se admite que ela teve um papel positivo na luta pela liberdade e igualdade. Mas esse papel, no entender, por exemplo, de Marcuse[1] e de alguns

---

[1] Herbert Marcuse, "Repressive Tolerance", in Robert Paul Wolf, *A Critique of Pure Tolerance*, Londres, Jonathan Cape, 1974, pp. 95-137. Logo no início do

dos seus discípulos, estaria confinado à emancipação da burguesia, desempenhando hoje uma função exatamente oposta, que é a de legitimar a desigualdade e esconder a discriminação. Conforme escreveu recentemente Javier de Lucas, "os limites do pensamento liberal tornam-se claros na sua miopia ao propor o recurso à tolerância para resolver conflitos (multiculturais), quando (…) a lógica da tolerância é prévia à dos direitos, e, numa sociedade em que estes se encontram reconhecidos e garantidos, reclamar tolerância é retroceder na garantia efetiva das condutas que devem ser protegidas com os instrumentos próprios da linguagem dos direitos fundamentais"[2].

Este livro nasceu, faz dez anos, da convicção de que o significado da tolerância não se esgota nessa atitude, mais ou menos caritativa, com que a sociedade liberal pretenderia salvar a sua boa consciência, embora pese a forma desigual e injusta como tantas vezes protege os cidadãos e assegura os direitos que assistem a cada um deles. Mais do que reafirmar que a tolerância continua a ser um pilar para qualquer sociedade decente, ou "bem-ordenada", para falar como Rawls, o meu objetivo é apresentá-la como um conceito eminentemente político, impossível de reduzir a uma simples virtude moral e dispensável, uma vez assumido o quadro dos direitos universais.

São três os tópicos a partir dos quais desenvolvo a minha argumentação. Primeiro, coloco em evidência a natureza estratégica, para não dizer pragmática, que a tolerância assumiu, desde o momento em que o conceito se entendeu como operador de consensos, tomando por base a superioridade do valor da paz sobre o valor da verdade.

Em segundo lugar, apresento a tolerância como condição de possibilidade e fundamento de uma igualdade de direitos que não

artigo, Marcuse afirma: "what is proclaimed and practiced as tolerance today, is in many of its most effective manifestations serving the cause of oppression". Op. cit., p. 95.
[2] Javier de Lucas, "Multiculturalismo y cultura de paz", in José Manuel Pureza (org.). *Para uma cultura da paz*, Coimbra, Quarteto Editora, 2001, p. 142.

seja meramente formal e que se traduza no reconhecimento da diferença efetiva de cada indivíduo e de cada grupo, apontando para um modelo de inclusão sem assimilação.

Em terceiro e último lugar, tento mostrar que o próprio reconhecimento dos direitos dos indivíduos e das comunidades de cultura com que eles se identificam não pode ser feito na ausência de um horizonte de tolerância, no interior do qual a ordem jurídica se entende não como um sistema de normas intemporais e abstratas, mas como um sistema dinâmico, intrinsecamente aberto a modificações que incorporem no direito aquilo que se impõe como universalmente justo ao universo de razões e sensibilidades em confronto.

Entender a tolerância como fundamento da igualdade não contraria o seu entendimento como dispositivo estratégico para a consolidação da paz e da convivência social num determinado espaço. Pelo contrário, confere a esse dispositivo pragmático uma base teórica, juntando-lhe à eficácia no domínio político a pertinência no domínio ético. Quanto ao essencial, existe uma perfeita homologia entre o gesto que suspende a intolerância por razões de Estado, defendendo no domínio público a igualdade e o direito à livre manifestação por parte de todos os credos e grupos, e o gesto de quem interdita a mesma intolerância por reconhecer em cada indivíduo um sujeito de direitos, credor do respeito por parte dos outros. Contudo, a par da citada homologia, há também uma evidente assimetria entre estas duas significações da tolerância. A tolerância entendida como estratégia de paz manifesta-se pela positividade do direito, pelos tratados e leis que afastam a hipótese de conflito e fixam os limites da liberdade reservada a cada um no plano de coabitação geral, seja no interior de cada Estado, seja no nível da política exterior. A tolerância entendida como fundamento da igualdade de direitos, por sua vez, supõe que o direito estabelecido, na medida em que pretende interpretar continuamente o que é justo, poderá sempre vir a ser confrontado por alguns indivíduos ou grupos com as suas limitações e a admitir formulações diferentes para as suas normas. É precisamente desta dinâmica instaurada pela tolerância, como garantia de uma reserva de autonomia individual em face da lei geral, que provém a legitimidade da questionação do direito positivo e, inclusive, das proclamações em que se pretende enunciar um direito acima dos Estados, as Declarações Universais dos Direitos do Homem, elas próprias suscetíveis de serem questionadas e revistas. Mais do que uma simples proximidade ou pertença ao mesmo campo semântico, entre a problemática da tolerância e a problemática dos direitos humanos existe, pois, um vínculo pelo qual a consciência dos direitos como que se excede a si própria, apelando a novos direitos, sempre movida por uma espécie de desafio latente que a impede de aprisionar o indivíduo em uma personalidade jurídica definida de uma vez por todas.

Ao contrário do que acontece com a maior parte das obras dedicadas ao tema, o objetivo deste livro não é tanto fazer, pela enésima vez, a defesa da tolerância, ou a sua história, mas entender o que ela é realmente, quais os fundamentos em que poderá ainda sustentar-se e quais os limites em que deixa de fazer sentido, porque deparamos com algo de intolerável. A sua primeira edição, como disse, foi há uma década, mas infelizmente nenhuma das questões aqui abordadas deixou de ser atual. Pelo contrário, adquiriram todas uma urgência renovada na vida política. E, apesar da incalculável massa bibliográfica de que entretanto foram objeto, penso que, no essencial, ainda cabem por inteiro na configuração em que as apresentei. Por isso, é com enorme satisfação que vejo reaparecer *Um fio de nada*, sem ter de rasurar ou acrescentar algo de significativo ao original, a não ser as pequenas alterações que o editor sugeriu, e eu aceitei, a fim de tornar o texto mais claro e percetível, tendo sobretudo em atenção os leitores brasileiros.

Diogo Pires Aurélio

A primeira e a quarta partes deste livro reproduzem, com alterações e acréscimos, o essencial do artigo publicado na edição portuguesa da *Enciclopédia Einaudi*, vol. XXII, com o título "Tolerância/Intolerância".

Por sua vez, o capítulo 10 é uma versão, bastante resumida, de uma comunicação apresentada ao Simpósio Internacional sobre Ética e o Futuro da Democracia, que se realizou em Lisboa, em 1994, e em cujas *Atas* (Lisboa, 1998, pp. 299-308) foi publicada na íntegra, com o título "O intolerável do ponto de vista da razão tolerante".

À Imprensa Nacional – Casa da Moeda, editora da *Enciclopédia*, e à Sociedade Portuguesa de Filosofia, que promoveu o simpósio, agradeço terem autorizado a inclusão desses textos no projeto global a que desde o início pertenceram e a que corresponde o presente volume.

Diogo Pires Aurélio

Excede esta missão de resgate todas as outras, numa diferença de grande importância, e é que nas outras missões vão-se salvar somente as almas dos índios, e nesta vão-se salvar as dos índios e a dos portugueses; porque o maior laço das consciências dos portugueses neste Estado, de que nem na morte se livraram, era o cativeiro dos índios, que, sem exame nem forma alguma de justiça, debaixo do nome de resgate, iam comprar ou roubar por aqueles rios.*

Padre Antônio Vieira

---

* João Adolfo Hansen (org.), Antônio Vieira, *Cartas do Brasil*. São Paulo: Hedra, 2003, p. 473.

Introdução

Há um conto de Jorge Luis Borges em que poderia ler-se uma alegoria da tolerância ou, pelo menos, daquilo que ao longo de séculos se entendeu por tolerância. As personagens são dois teólogos, de nome João de Panônia e Aureliano. Ambos se empenharam, durante a vida inteira, no combate a heresias as mais diversas. Quis o acaso, ou a providência, que ambos conhecessem também idêntico destino: a morte pelo fogo. João de Panônia foi processado por heresia e condenado à fogueira, na sequência de uma denúncia de Aureliano; este último, perseguido pelo remorso, palmilhou pântanos e desertos até que um dia, quando estava retirado na choupana de um mosteiro perdido na selva, caiu um raio que incendiou as árvores e reduziu o lugar a cinzas. "O final da história – comenta o autor – só pode ser narrado com metáforas, já que se passa no reino dos céus, onde não há tempo. Caberia talvez dizer que Aureliano conversou com Deus e que este se interessa tão pouco por diferenças religiosas que o tomou por João de Panônia. Isso, no entanto, insinuaria uma confusão na mente divina. É mais correto dizer que, no paraíso, Aureliano soube que, para a insondável divindade, ele e João de Panônia (o ortodoxo e o herege, o aborrecedor e o aborrecido, o acusador e a vítima) formavam uma só pessoa" (1957, trad. port., p. 39).

No primeiro dos desfechos ensaiados por Borges, surge-nos um Deus tão pouco interessado por querelas teológicas que não identifica sequer os seus protagonistas. É um Deus diante de quem as diferenças de opinião se desvanecem e a ortodoxia, como a heterodoxia, jamais constituíram as marcas identificadoras do justo ou do pecador. Para o bom do teólogo, a sua verdade, o seu saber deveriam justificá-lo e, ao mesmo tempo, distingui-lo do herege, porquanto "o saber é, para a sociedade religiosa, na sua catequese ou nas suas controvérsias, um meio de se definir", conforme explicaria Michel de Certeau (1976, p. 134). Porém, o Deus perante quem Aureliano se apresenta não vê a mais leve diferença entre ele e João de Panônia, o que quer dizer que as posições de ambos diante da verdade são reversíveis, já que um e outro se pretendem seus detentores e, consequentemente, cada um deles tem de classificar de herege o que se lhe opõe. Em certo sentido, quase se diria estarmos em presença de um prenúncio longínquo desses livre-pensadores e libertinos que, a partir do século XVI, iniciam a marcha em direção ao tolerantismo, essa "heresia das heresias" que traz consigo, no dizer do cardeal Bossuet, o gérmen de uma nova Babel, atribuindo indiferentemente à verdade e ao erro, à virtude e ao vício, o mesmo estatuto e os mesmos direitos.

É certo que os defensores da tolerância, contrariamente ao que supunha o cardeal, não foram jamais insensíveis à diferença. Muito pelo contrário, precisam até de a reconhecer como natural e irredutível. Voltaire, por exemplo, refere-se a esses "pequenos matizes que separam os átomos a que chamamos homens" (ed. 1989, p. 141), e o autor do artigo da *Encyclopédie* sobre "Tolérance", Mr. Romilly Filho, assevera que "o mundo moral é ainda mais variado que o mundo físico e os espíritos não se assemelham tanto como os corpos" (1765, p. 391). Mais explicitamente ainda, a reiteração da diferença entre indivíduos estender-se-á, em nossos dias, aos grupos culturalmente estruturados, passando a tolerância a afirmar-se também como "multiculturalismo".

Tal reiteração, que se traduz no chamado "direito à diferença", precisa, todavia, de se fazer acompanhar pelo reconhecimento de um outro valor, o da igualdade, entre indivíduos e entre povos e culturas. Na verdade, a diferença pretende-se, nesse contexto, respeitada mas não qualificada, apontando para um horizonte em que o outro seria reconhecido apenas como outro, isto é, em que os indivíduos e os grupos seriam "diferentes mas iguais". O problema, ainda aqui, é saber se a síntese dos contrários que a fórmula "igualdade na diferença" consagra não será apenas um truísmo verbal, na medida em que o reconhecimento envolve sempre uma classificação, um enquadramento valorativo a partir das referências que cada indivíduo ou cada grupo toma no seu próprio julgamento como premissas universais. Em última instância, é até de perguntar se a divisa "diferentes mas iguais" poderá ser reconhecida e verdadeiramente aceita por culturas em que os valores que vingaram no Ocidente moderno estão ausentes e se contestam. Luís Dumont, a esse respeito, comenta o seguinte:

> Fala-se muito da "diferença", da reabilitação daqueles que são "diferentes" de uma maneira ou de outra, do reconhecimento do outro. Isto pode significar duas coisas. Se se trata de "libertação", de igualdade de direitos e oportunidades, de igualdade de tratamento das mulheres, dos homossexuais, etc. – e parece ser este o principal objetivo das reivindicações apresentadas em nome de tais categorias – não há qualquer problema teórico. Simplesmente, é necessário reconhecer que, numa tal igualdade de tratamento, se deixa de lado, ignora ou subordina a diferença, em vez de a "reconhecermos". Na medida em que a transição da igualdade para a identidade é fácil, o resultado a longo prazo será, provavelmente, o desaparecimento dos caracteres distintivos e a perda do sentido ou do valor anteriormente atribuídos às correspondentes distinções (1983, pp. 259-60).

O mesmo se poderia, aliás, deduzir das palavras de Steven C. Rockefeller, quando recorda que "muitos adeptos do multiculturalismo, hoje, contestam a ideia de que o liberalismo seja neutro a respeito das concepções do bem, argumentando que ele traduz apenas uma cultura regional, anglo-americana, a qual possuiria um efeito homogeneizante" (1992, p. 90).

O dilema, por conseguinte, sobrevive e é dele que brotam os movimentos, aparentemente coincidentes mas em realidade contrários, a que assistimos nas últimas décadas, ora em defesa de uma igualdade ameaçada por discriminações e segregações as mais diversas, ora em defesa das diferenças – as identidades culturais – em risco de se diluírem por efeito da sua própria admissão no concerto da tolerância liberal. Esta, há que reconhecer, não surgiu e fez progressos senão à custa de uma significativa perda de influência dos credos em que se haviam estruturado ou a que tinham entretanto aderido os vários grupos etnoculturais na Europa. É verdade que os primeiros apologetas da tolerância ainda invocavam o cristianismo. Mas apenas como catapulta contra as várias confissões estabelecidas, porventura ignorando que nenhuma delas podia resistir incólume a essa comparação com a matriz original. Sobretudo, que nenhuma delas podia aceitar facilmente ser reduzida à condição de Igreja entre Igrejas, renunciando assim ao estatuto de detentora de uma verdade que julgava dever ser imposta, tanto privada como publicamente. Se alguém possui, aliás, uma fé absoluta em determinados dogmas e se identifica com certos valores, por que motivo há de conceder a quem os nega mais do que uma simples e efêmera condescendência? Em contrapartida, se a sociedade considera esses dogmas e valores apenas tão aceitáveis como outros que se lhes opõem frontalmente, em que medida se poderá ainda falar de valores, em vez de se declarar justificada a total permissividade? No fundo, continuam os críticos da tolerância a alegar, tolera-se hoje mais por falta de convicções próprias que por respeito pelas convicções alheias. É, por assim dizer, uma homogeneização negativa, tolerante mas tendencialmente vazia. Talvez por isso, a reivindicação da diferença tenha-se tornado uma bandeira já não apenas da tolerância mas também da intolerância, mediante a qual, em nome precisamente da identidade de cada povo, se pretende regressar ao velho *slogan* "iguais mas separados". Ou seja, "tolerantes" mas racistas e xenófobos. É a "tolerância pagã", de que têm falado certos grupos extremistas que recusam a tolerância dos liberais, à qual imputam o favorecimento da confusão das culturas e a mestiçagem das gentes, eliminando a prazo qualquer sinal de identidade. O próprio Deus, para voltarmos a Jorge Luis Borges, ao tomar Aureliano por João de Panônia, não estaria senão consumando essa mesma confusão e alegada indiferença.

Introdução

A confusão não é, todavia, um estado que conviesse à mente divina, como sensatamente observa o autor. Daí ter de procurar um novo desfecho para a narrativa, desfecho esse em que Aureliano e João de Panônia, num rasgo que Borges poderia ter ido buscar em Nicolau de Cusa, "formavam uma só pessoa". Manifestações superficiais e efêmeras de uma essência comum, opostos que coincidem, os dois teólogos revelam-se e descobrem-se então, à transparência da "insondável divindade", como simples modos de ser do Uno. A essa luz, a irredutibilidade das doutrinas que professaram em vida é já aparente e a reivindicação que cada um deles fazia da verdade absoluta não traduz senão a ignorância da natureza da verdade, a qual sempre implica, ou, em termos mais próximos de nós, sempre subsume a contradição. Bossuet também percebe que a verdade tem de negar a multiplicidade das opiniões particulares. Julga, porém, que tal negação se identifica com a supressão pura e simples. Aquilo a que ele chama de universal não passa, por isso, de um vazio, de uma abstração. E nada é mais intolerante, conforme a história se encarregaria de demonstrar, do que o universal abstrato tomado como doutrina particular e concreta. Leia-se, uma vez mais, o cardeal: "o herege é aquele que tem uma opinião; é exatamente isso que a palavra significa. O que é uma opinião? É seguir o seu próprio pensamento e o seu sentimento particular. Mas o católico é o católico, isto é, o universal; não possuindo um sentimento particular, ele segue sem hesitações o da Igreja" (Carta de 27 de dezembro de 1682 a Pélisson, cit. in Bayle, 1992, p. 28).

A unidade na crença confunde-se, assim, com essa espécie de rasura da opinião, rasura que em muitos casos será física e atingirá o extermínio. É precisamente contra esse tipo de unidade que se irá iniciar a busca da unidade na tolerância, unidade que consagra a diferença e até mesmo o conflito de opiniões como definitiva marca do conceito de humanidade. Em tal perspectiva, nenhum processo histórico mais ou menos predeterminado leva à reconciliação, nenhuma idade de ouro nos precedeu ou nos aguarda no final dos tempos. A "bela totalidade" de que falava Hegel não pertence a este mundo. A diferença e a heterogeneidade é que são o verdadeiro apanágio do homem. Como diria Cioran, "se fosse verdade que 'é no Uno que nós respiramos' (Plotino), de quem nos vingaríamos nós quando toda a diferença desaparecesse e mergulhássemos num indiscernível onde perderíamos os contornos? Na verdade, respiramos no múltiplo; o nosso reino é o reino do 'eu'..." (1960, p. 82). Quando muito – e é essa a lição do extrato da *Encyclopédie* que há pouco citamos – poder-se-á tentar evitar que o outro seja exterminado, obrigado a aceitar valores impostos ou simplesmente excluído. O apelo enciclopedista à tolerância, se contém, antes de mais nada, um reconhecimento da divisão onipresente e constitutiva da humanidade, contém igualmente o desafio de um horizonte transversal a todas as controvérsias ou simples diferenças, horizonte em que seria possível a integração do diverso sem propriamente o assimilar, isto é, sem lhe negar a sua diversidade. Mera utopia?

Passados mais de dois séculos, as questões que se levantam a esse respeito continuam a ser fundamentalmente as mesmas, porventura tanto ou mais pertinentes e incisivas que no momento em que foram equacionadas originalmente. Tal como então, persiste a pergunta sobre a possibilidade da verdadeira tolerância, que é como quem diz, sobre a definição desse conceito a vários títulos ambíguo. Para dar apenas alguns exemplos, é absurdo, no plano axiomático e científico, falar de uma liberdade de opinar, a menos que seja em fase transitória de apuramento da objetividade dos enunciados; é difícil, no plano social, conforme a experiência continua demonstrando, admitir que a tolerância não traduz uma relação de desigualdade e não se confunde com um direito que o mais forte concede ao mais fraco; é improvável, em suma, que no plano ético a aceitação indiscriminada de toda e qualquer espécie de valores não conduzisse à anomia e, em última análise, à inviabilização de qualquer agregado humano. De que modo, pergunta-se, uma regra moral poderá subsistir quando se tolera uma outra que determina exatamente o oposto?

Alegar-se-á, e com razão, que a pergunta sobre o que é a tolerância se revela apenas subsidiária da procura dos modos da sua aplicação, sobretudo quando se pensa na urgência com que as sociedades contemporâneas, maioritariamente atravessadas por diferenças culturais, senão étnicas, as mais profundas, são instadas a procurar os meios de evitar a explosão da violência que tal situação promete. A questão, porém, nem assim se atenua. É simplesmente desviada, passando a traduzir-se na pergunta pelas razões por que havemos de tolerar em vez de perseguir ou excluir. Será a tolerância uma obrigação moral? Terá ela um fundamento lógico ou teológico, de tal maneira que a intolerância equivaleria a uma manifestação de irracionalidade, ou, pelo contrário, é apenas ditada por razões de natureza prudencial e por um cálculo de vantagens econômicas, sociais ou políticas? É esta uma segunda ordem de questões que continuam sem resposta.

Por último, e perante o impensável de uma tolerância irrestrita, convirá perguntar o que é que se tolera, até onde vão as fronteiras do tolerável. É, porventura, a questão mais radical, tanto de um ponto de vista prático como de um ponto de vista teórico. De um ponto de vista prático, é impossível, como sublinha F. A. Hayek (1987, p. 47), uma comunidade abranger sistemas morais totalmente diferentes sem que a lei geral colida com os preceitos de nenhum deles. Em regra, e há exemplos disso mesmo logo nas primeiras experiências modernas de sociedades presididas pela tolerância, os grupos tolerados tendem a recusar no seu interior qualquer heterogeneidade ou diferença, como forma até de combater a assimilação progressiva dos seus membros pelo grupo dominante. De um ponto de vista teórico, são os próprios conceitos que estão aqui em causa, na medida em que limitar a tolerância equivale a não tolerar. A experiência de sempre, o sentimento comum e a prudência mais elementar impõem que pelo menos certos atos se considerem intoleráveis. No entanto, em termos estritamente racionais, esse impulso genuíno, que temos por inevitável perante o horror que se nos depara em determinadas situações, em que é que difere do impulso que leva o fanático de uma seita a abominar e a exterminar os crentes da seita mais próxima? Será possível fundamentar e definir objetivamente o intolerável? Talvez seja esta, repetimos, a questão pertinente, a verdadeira questão, no momento em que o discurso da tolerância se banalizou em níveis inesperados de aceitação e ineficácia, num consensualismo que tenta em vão eludir essa espécie de resíduo problemático que se constitui em espinho do tolerantismo. Os teólogos de Borges descobriram, só no Além, que o seu verdadeiro ser consistia no não-ser da identidade de cada um deles. A tolerância – sem pretender alguma vez atingir a insondável profundeza do Uno, recusando mesmo esse gênero de fusão/assimilação sempre suspeita mal se transfere do sagrado para o profano, da teologia para a política – limita-se a propor uma unidade, ou melhor, um consenso que só é possível obter mediante o deliberado adiamento da verdade definitiva e o seu desterro para fora dos muros da *pólis*. Aparentemente, o propósito seria modesto: um fio de nada, como aqui lhe chamamos, tendo em atenção o seu lado irrepresentável e, bem assim, a natureza dos laços – irredutível a qualquer dogma – com que a tolerância deveria imperativamente ligar os indivíduos. Na realidade, ele é tanto ou mais problemático, porquanto requer a salvaguarda da identidade de cada indivíduo e de cada grupo, e exige, simultaneamente, que essa mesma identidade se flexibilize a ponto de permitir não só o diálogo, mas a própria integração do outro sem que ele tenha de se despojar dos seus valores, usos e costumes. Conviver sem converter, eis o desafio supremo. O problema começa, como veremos, quando a identidade do outro, a sua própria razão de ser, é contra tal contenção, essencial na razão tolerante.

Primeira parte

O que é tolerar

I
Significados

A ambivalência do conceito de tolerância está, por assim dizer, inscrita na etimologia da palavra. *Tolerare* significa, antes de mais nada, *sofrer, suportar pacientemente*, conforme vem registrado no *Dicionário em oito línguas*, de Ambrósio Calepino (1502). Mas significa também, segundo a mesma fonte, *sustentar*, no sentido de alimentar alguém, ou *aguentar*, como se diz que um navio *tolera*, isto é, pode carregar 300 toneladas. Mais explicitamente ainda, o radical *tol-*, comum a *tolerare* e a *tollere*, denota a ação de erguer, elevar, seguindo, portanto, uma vertente ativa e positiva que será pouco habitual no léxico da tolerância que a tradição vai consagrar.

Outro exemplo dessa oscilação de significado aparece em Rafael Bluteau, no *Vocabulário português e latino* (1721). Diz o autor que a *tolerância* é "comumente o mesmo que paciência" e que, "segundo os jurisconsultos, é uma certa permissão de cousas não lícitas, sem castigo de quem as comete, porém sem concessão nem dispensa para elas; e assim em muitas partes são toleradas as mulheres-damas, ainda que seja ilícita a arte meretrícia". No *Supplemento* (1728) ao dito *Vocabulário*, o Pe. Bluteau explicitará depois, com algum desenvolvimento, os vários matizes que a palavra apresenta em língua portuguesa. Assim, a tolerância ora nos aparece como "paciência, dissimulação, sofrimento", ora como "vigor de ânimo para sofrer coisas dificultosas e duras". Em contrapartida, "a molidão é oposta à tolerância e é uma fraqueza e vileza de ânimo que a qualquer dificuldade se rende". Mais adiante, sempre no mesmo verbete, Bluteau alude a conotações do âmbito da psicologia natural, definindo a tolerância como "tácita e muda, mas gloriosa vitória da parte inferior da alma, chamada irascível. Quem assim vence, ainda que não saia a campo, não deixa de vencer inimigo, porque se vence a si mesmo, que é do homem o maior inimigo". Terminando, o autor leva ainda mais longe esta acepção positiva da tolerância, através de um enunciado barroco em que transparecem com nitidez as suas convicções ideológicas: "Novo, e não fabuloso Prometeu, que sofrendo agravos, se não forma, reforma a humanidade, unindo e reunindo todo o homem com o homem; união, ou reunião, da qual resulta aquela suave consonância que mantém com a natureza humana a harmonia do Universo."

O *Dicionário da língua portuguesa*, de Antônio Moraes e Silva (1789), ao longo de sucessivas edições, passará ao largo de sutilezas desse gênero, limitando-se a referir da tolerância a tradicional conotação de passividade e identificando-a com o "levar com paciência" ou, melhor, o "permitir tacitamente, dissimular com a coisa digna de castigo". Só na oitava edição (1891) é que se acrescentam já algumas derivações pertinentes, ainda que a definição original se mantenha inalterável. É o caso do contraponto estabelecido com a *indulgência*, cujo significado o *Dicionário* começa por quase sobrepor ao da tolerância, para logo em seguida observar que "a indulgência, suportando e desculpando, perdoa", ao passo que "a tolerância supõe um mal que se sofre mas que não se desculpa nem consente". Dito de outro modo, "tolerância é um sofrimento quase forçado; as circunstâncias o aconselham e talvez o prescrevam", enquanto a indulgência "supõe uma alma boa, compassiva, propensa a desculpar e a perdoar". Mais original, porém, nessa mesma edição, é a distinção apresentada entre *tolerância política*, "princípio da escola liberal, que reconhece em todo o indivíduo o direito absoluto de seguir e sustentar livremente falando, ou escrevendo, as doutrinas de que é partidário, embora em completa oposição às ideias predominantes, representadas no poder", e a *tolerância religiosa* ou "condescendência em permitir a prática de todos os cultos, assegurando a cada indivíduo a liberdade de seguir a religião que professa".

Quase ao mesmo tempo, o *Dicionário*, de Cândido de Figueiredo (1899), à semelhança, aliás, de boa parte dos seus congêneres europeus, registra também a versão tradicional de "indulgência" e de "consentir tacitamente", mas acrescenta duas inovações: a palavra *tolerantismo*, que define como "sistema dos que entendem que se deve tolerar num Estado todas as religiões"; e a palavra *tolerada*, tida como sinônimo de "prostituta que tem o nome inscrito nos registros administrativos e está sujeita à inspeção e regulamentação policial". Manifestamente, a sempre citada observação de Paul Claudel – "Tolerância? Há casas onde se trata disso" – possui raízes mais antigas e disseminadas do que à primeira vista se poderia imaginar...

O certo é que, descontado esse gênero de reminiscências de que os dicionários continuam a fazer-se eco, a identificação da tolerância com a liberdade de religião e pensamento passou, a partir de certo momento não muito longínquo, a prevalecer nos vários léxicos sobre a tradicional e mais abrangente significação de "permissão de coisas não lícitas". É, de resto, assim que ela figura já no dicionário de Aurélio Buarque de Holanda (1974): "tendência a admitir modos de pensar, de agir e de sentir que diferem dos de um indivíduo ou de grupos determinados, políticos ou religiosos". Aqui, no entanto, será a definição de caráter científico acrescentada pelo autor o mais relevante para um entendimento da tolerância do ponto de vista contemporâneo: "diferença máxima admitida entre um valor especificado e o obtido; margem especificada como admissível para o erro em uma medida ou para discrepância em relação a um padrão". O que quer dizer que existe o padrão, existe a margem de tolerância e existe o intolerável.

Apesar das variações de significado que os dicionários atribuem à tolerância, é possível notar, a título de sistematização, que o termo é usado, antes de mais nada, num sentido muito amplo, seja quando se diz que se tolera o frio ou o calor, não estando, obviamente, ao nosso alcance reprimir as respectivas causas (*a*), seja quando se diz que não se tolera o fumo dos cigarros ou o emprego de estrangeirismos, se bem que em nenhum dos casos estejam em causa princípios essenciais e inalienáveis (*b*). Em sentido estrito, porém, quando falamos de tolerância estamos nos referindo à permissão de maneiras de pensar e de agir que vão contra aquelas que adota para si aquele que tolera (c) ou à permissão de maneiras de ser – cor da pele, raça, origem étnica – diferentes da que apresenta o grupo em que o tolerante está integrado (d).

A tolerância que se refere em (a) e mesmo em (b), eventualmente questionável sob outros pontos de vista, não integrou jamais o que verdadeira e historicamente se tem entendido por problema da tolerância. Este, com efeito, cingiu-se logo de início à tolerância enunciada em (c) e às correspondentes questões da liberdade religiosa e dos direitos individuais, abarcando também, ainda que só posteriormente, a que se enuncia em (d) e que veio depois a tornar-se um dos pontos fulcrais a esse respeito. Na literatura mais antiga, discutiam-se os "erros" e os direitos a reclamar para quem os professava ou cometia, independentemente da sua estirpe. Com o racismo e os confrontos étnicos a que se alude em (d), o que se passa é o inverso, transferindo-se o debate das diferenças de opinião para alegadas diferenças constitutivas que levam à representação do outro como algo de essencialmente distinto.

Qualquer dos pontos de vista que acabamos de referenciar é autônomo: tolerar sob o ponto de vista (a) não implica tolerar sob o ponto de vista (b), e assim sucessivamente. É, aliás, essa a razão de ser das ambiguidades em que se enredam frequentemente algumas teorizações que sustentam a liberdade de credos, de expressão e de organização social e política, ao mesmo tempo e com a mesma convicção que empregam na defesa da exclusão por motivos raciais. Veja-se, por exemplo, a Declaração de Independência dos Estados Unidos – redigida por Jefferson, sem dúvida um homem tolerante –, em que se proclama que "todos os homens nascem iguais", dotados pelo Criador de "direitos inalienáveis, designadamente a vida, a liberdade e a busca da felicidade", proclamações essas que não impediram o tratamento dado primeiro aos índios e depois aos negros. Tal como escreve E. Marientras, "a nação americana foi, desde as origens, tomada por uma elite que lhe impõe uma ideologia duradoura e permanente. O que esta recalca é tão importante como o que explicita [...]. Uma parte da população residente, que devia, segundo as normas habituais, ser uma componente nacional, ficou, à partida, rejeitada" (1976, p. 33).

O espaço da tolerância pode, por conseguinte, abrigar (e historicamente abrigou) a afirmação da liberdade de crença e costumes do outro, a par da denegação ou desqualificação do seu reconhecimento como ser humano. Pode-se até tolerar o outro sob essa condição, ou seja, a preço da sua submissão como inferior. Em certo sentido, que é, afinal, o sentido que lhe dão a linguagem comum e a interpretação vulgar do termo, não haveria mesmo tolerância sem pressupor certa superioridade daquele que tolera sobre aquele que é tolerado. Em que medida se poderá, com efeito, tolerar se não se dispõe do poder de não tolerar?

Aquilo que a partir de meados do século XVIII se começa a entender por "tolerância", ao identificá-la com a igualdade, constitui um entorse à etimologia até aí estabelecida, visto promover o direito a ser tolerado ao estatuto de um direito natural e, nessa medida, anular a assimetria entre o tolerante e o tolerado que estava implícita na significação original. Conforme alguns autores (Rabaut Saint-Étienne, Mirabeau) fizeram notar de imediato, tal desvio semântico punha efetivamente em causa a própria tolerância, tornando inútil, senão mesmo desajustado, falar dela entre seres que se consideravam iguais. Numa perspectiva estritamente racional, a igualdade dos indivíduos levaria à equiparação de todas as convicções e valores, talvez ao indiferentismo de que tanto falam os adversários da tolerância. E, no entanto, à margem e antes até das consequências práticas de tal atitude, a igualdade revela-se paradoxal logo no plano da razão, porquanto a equiparação dos valores equivale à recusa de qualquer norma objetiva, ou seja, à negação de todo e qualquer valor.

Não se identificando com a caridade, nem com a igualdade, poderá a tolerância definir-se ao menos como virtude, quer individual, quer institucionalmente? Um pouco mais adiante, ver-se-á como foi historicamente difícil entender desse modo a condescendência com o erro implicada na tolerância. Enquanto o conceito de virtude permanece subsidiário de uma definição substantiva e transcendente do bem, não se vê, aliás, como aplicá-lo a gestos que traduzem objetivamente uma não reprovação do mal. Quiçá por isso mesmo, já em finais do século XIX, M. Menéndez Pelayo ainda afirmava que "a chamada tolerância é uma virtude fácil. Para falar com mais clareza, é uma enfermidade de épocas de ceticismo ou de nenhuma fé. Para aquele que não acredita em nada, que não tem esperança em nada, que não se preocupa nem se aflige com a salvação ou a perdição das almas, é fácil ser tolerante. Mas tal mansidão de caráter não deriva senão de uma debilidade ou eunuquismo do entendimento" (ed. 1978, vol. II, pp. 290-1). Dizer que a tolerância é virtude pressupõe, pois, uma outra acepção do termo, por exemplo, aquela que já havia surgido em Aristóteles. Aí a tolerância pode efetivamente tomar-se como uma virtude, seja como *habitus* alcançado na ponderação e na prática de sucessivos atos tolerantes, seja como atitude prudentemente situada na "via média entre o excesso e o defeito". É um *habitus*, por implicar certa predisposição adquirida para acolher o diferente; é uma atitude de "mediania", por ser ditada pela prudência e exigir, consequentemente, uma disponibilidade para a diferença que não excede os limites razoáveis e atende às circunstâncias.

O acolhimento da diferença tanto pode, enfim, manifestar-se por uma simples receptividade e eventual predisposição para dialogar, mantendo-se inviolável a identidade do grupo ou dos indivíduos que toleram e de quem é tolerado, como pela capacidade de integrar o outro e, nessa medida, rearticular a própria identidade de forma a criar interiormente o espaço para novas maneiras de ser, pensar e agir. Vendo a história, deparamos com exemplos de ambas as hipóteses: da tolerância como simples permissão do diferente, na condição de este permanecer na periferia cultural e porventura até geográfica, sem questionar e muito menos agredir o núcleo central das convicções e a organização sociopolítica dominantes; e da tolerância como abertura e assimilação do diferente, que carrega adaptações mais ou menos profundas, tanto no interior do grupo ou do indivíduo que tolera como no interior dos grupos que são tolerados.

2

A razão tolerante

À pergunta "O que é a tolerância?", Voltaire responde: "É o apanágio da humanidade. Nós somos todos feitos de fraquezas e erros; a primeira lei da natureza é perdoarmo-nos reciprocamente as nossas loucuras" (*Dictionnaire Philosophique*, ed. 1964, pp. 362-3). Há nessa formulação, por sinal coincidente no espírito e, por vezes, até na letra com aquela que nos aparece na *Encyclopédie* (1751) de Diderot e d'Alembert, um tom marcadamente contratualista. Primeiramente, é visível aqui uma espécie de "estado de natureza", no qual predominam as fraquezas e os erros de cada um. A razão, como se pode ver pela história do pensamento e a variedade de doutrinas, é incapaz de fornecer uma verdade universalmente aceita sobre as questões essenciais ao homem. A revelação, por seu turno, apresenta-se em mais do que um livro sagrado e, para cada um desses, existe ainda uma infinidade de interpretações, pelo que tampouco poderá ser invocada como chave da sabedoria ou tábua da lei. Assim sendo, a imposição de uma opinião ou de uma norma de comportamento jamais poderá reivindicar qualquer espécie de legitimidade e remeterá sempre para o domínio da violência. Dito de outro modo, por natureza, cada um tem o direito de viver como achar melhor e de sustentar a "verdade" que entender, ainda que esta não passe, para todos os outros, de um simples erro.

    É de notar que tal verificação, ao contrário do que se poderia supor, não implica um ceticismo generalizado quanto aos dados da razão, nem sequer uma recusa individual da fé no transcendente. Implica apenas que este seja retirado do campo de argumentação, no momento em que está em causa a procura de consensos de natureza prática. A prova, pensa Voltaire, é que mesmo os cristãos, até ao Édito de Constantino, não tiveram qualquer relutância em reclamar para si semelhante direito e perspectivar a questão no interior do universo politeísta e acêntrico que era o mundo religioso do Império. Tertuliano, por exemplo, escreve que "é de direito humano e de direito natural (*humani juris et naturalis potestatis est*) cada um poder adorar aquilo que quiser; a religião de um indivíduo não prejudica nem interessa a mais ninguém senão a ele" (cit. in J. Lecler, 1955, t. I, p. 67). Mais próximo ainda da terminologia contratualista, Kant irá admitir um *estado de natureza ético*, em que "cada homem proporciona a si mesmo a lei e não há nenhuma lei externa a que ele se reconheça submetido" (*A religião nos limites da simples razão*, III Parte, I Seção, trad. port., p. 101).

O estado natural, porém, ao revelar a universal fragilidade – demonstrando que ninguém possui nem a força suficiente para estar completamente em segurança nem argumentos bastantes para impor a todos os outros a sua própria crença –, arrasta consigo o corolário de que é do interesse comum dos homens abandoná-lo e procurar a paz. A isso chamou Hobbes uma *lei de natureza* (*Leviathan*, 1651, cap. XIV), expressão, como vimos, retomada por Voltaire. Mas há diferenças importantes. Hobbes considerara que o cumprimento dessa lei exige o pacto através do qual todos renunciam ao respectivo direito natural, colocando-o nas mãos do soberano. Consequentemente, será a esse soberano absoluto que tem de competir a definição da verdade publicamente aceita e do modo de vida permitido. A violência dos homens uns para com os outros, que é inerente ao estado de natureza, da mesma forma que a violência com que as seitas religiosas se digladiam entre si, desaparecerá então por completo, passando a haver lugar apenas para a violência exercida a bem de todos pelo soberano, a fim de garantir a paz. A solução do paradoxo da natureza – direito natural *versus* lei natural – achar-se-ia, em suma, na instauração de um estado civil, ou seja, na política.

Nada disso sucede em Voltaire, aos olhos de quem a violência do soberano é equivalente à violência de qualquer seita. Já Espinosa, aliás, alertara para as implicações nefastas da interferência do Estado na definição da verdade e do bem, a qual acaba sempre por favorecer a crença de uns contra a crença de outros, declarando claramente, no final do *Tratado teológico-político* (1670), que a função do Estado é promover e defender a liberdade individual. O soberano ou o Estado não pode, pois, colocar-se no papel de quem, para evitar controvérsias e garantir a segurança, define ou tolera um credo, ficando acima de todas as Igrejas. Está, pelo contrário, também ele obrigado à lei de natureza, que impõe a tolerância universal, isto é, a liberdade de opinião. De igual modo, a natureza humana que Voltaire tem em mente afasta-se em tudo do conceito com o mesmo nome utilizado por Hobbes. Na verdade, a natureza humana a que este último se refere é uma realidade estável, cujo interior é atravessado pelo antagonismo, outorgando um direito e exigindo em simultâneo que a ele se renuncie. Dito por outras palavras, a violência do estado de natureza, exatamente porque é natural, não pode ser suprimida, por mais que a mesma natureza humana sinta o apelo da paz: pode apenas ser transferida. E é isso mesmo que o contrato opera, concentrando-a exclusivamente no soberano. Ora, a tolerância de que fala Voltaire visa a supressão da violência, mas foi instaurada como lei prévia ao contrato, razão pela qual se considera um "apanágio da humanidade". Já não se trata apenas de mera estratégia visando à pacificação. Trata-se de um elemento constitutivo da verdadeira natureza humana, que se entende agora como uma estrutura de valores universais e trans-históricos cujo cerne reside na liberdade. Negar a alguém o direito de pensar livremente e de agir em conformidade com os seus próprios critérios seria, a partir dessa perspectiva, recusar-lhe a autenticidade da sua natureza e a integração no seio da humanidade a que, como pessoa livre, tem direito. A tolerância é, antes de tudo, ditada pela condição do homem enquanto homem.

    Através desse seu caráter universal, a natureza do homem furtar-se-ia a qualquer tentativa de identificá-la com a particularidade de um contexto religioso, moral ou cultural. Não é outro, aliás, o sentido da pergunta que Nathan, o personagem judeu de Lessing, dirige ao Templário: "Nenhum de nós escolheu o seu povo. Seremos nós os nossos povos? Afinal, o que quer dizer povo? O cristão e o judeu serão cristão e judeu antes de serem homens?" (*Nathan der Weise*, II ato, cena 5). O que desse modo se está pressupondo é uma entidade que lógica e ontologicamente precede qualquer determinação do ser humano, ao mesmo tempo que funciona como o seu *télos*, o seu horizonte de realização. Antes de ser judeu ou cristão, ariano ou semita, branco ou negro, cada indivíduo é um ser humano. O que quer dizer que a humanidade é aquilo que em definitivo o identifica, mas é, ao mesmo tempo, algo que o transcende, na medida em que não se confunde com nenhuma das suas circunstâncias ou das suas manifestações concretas. Tudo quanto o diferencia dos outros deve, pois, ser secundarizado, reduzido à condição de simples acidente, de modo a não permitir que a diferença, se fosse promovida a algo de essencial, ocasionasse a intolerância.

A igualdade e a tolerância justificam-se pelo que é comum, a essência universal do homem. Como representar, porém, tal essência? Representar é delimitar, definir contornos, determinar. Ora, já vimos que a natureza humana deve transcender toda a determinação particular dos indivíduos, sob pena de, em vez da tolerância, ela aparecer fundamentando a exclusão: *determinatio negatio est*, segundo a tão discutida fórmula de Espinosa. Desde o início dos tempos modernos, muito antes, portanto, de Voltaire ou mesmo de Espinosa, é no interior dessa espécie de paradoxo que se desenrola a história da tolerância. O humanismo da Renascença tentará superá-lo mediante a busca de plataformas doutrinais cada vez mais abrangentes, de modo a constituírem-se em determinações possíveis do *homo universalis*. O humanismo *Aufklärung*, pelo contrário, recusará qualquer determinação, por mais abrangente, não se satisfazendo senão com o universal projetado na absoluta autonomia da vontade individual. Vejamos, um pouco mais detalhadamente, cada um desses cruzamentos de um sem-número de doutrinas que seria impossível aqui analisar, ou nem sequer mencionar exaustivamente.

a) O humanismo que se afirma ao longo dos séculos XV e XVI apresenta como uma das suas características mais visíveis a procura da unidade na fé, não através de qualquer homogeneização violenta como a da cruzada medieval, mas através da identificação daquilo que haveria de comum a todas as opiniões. Conforme refere J. Lecler, este humanismo "irenista" não tinha tanto por ideal "a tolerância como a redução das divergências religiosas, mediante um esforço leal de convergência" (*op. cit.*, t. I, p. 125). Podemos ver tal esforço em Nicolau de Cusa, de forma indireta no *De docta ignorantia* (1440) e explicitamente no *De pace fidei* (1453), obra em que a demanda de uma espécie de pacto religioso se estende não apenas às três religiões do Livro, mas também a hindus, persas ou tártaros, homens de todas as nações, todos chamados a um imaginário concílio de sábios na presença de Deus, com o intuito de identificar o máximo de verdade comumente aceita. E ainda que toda essa mobilização, na prática, se destinasse apenas a testar e a exibir a parte da verdade cristã universalmente assimilável, não deixa de ser relevante o operador de consensos a que Nicolau de Cusa recorre e que consiste num apelo para que se considerem dispensáveis os ritos e se retenha unicamente o que eles representam.

Tentativas semelhantes serão depois visíveis em Pico della Mirandola, Marcílio Ficino ou Thomas More, mas é sobretudo em Erasmo que melhor se compendia essa primeira estratégia do humanismo. Diz ele, em carta ao arcebispo de Palermo (1523): "A súmula da nossa religião é a paz e a concórdia, as quais só se podem manter mediante uma condição: definir o menor número possível de dogmas e, em muitas matérias, deixar a cada um o seu próprio julgamento. É que a obscuridade de muitas questões é imensa [...] Para muitos problemas, apela-se agora para o concílio ecumênico: seria melhor remetê-los para o dia em que, desaparecidos o enigma e o espelho, nós veremos Deus face a face" (cit. in J. Lecler, *ibid.*, t. I, p. 144).

Inúmeras vezes essa busca de uma reconciliação das Igrejas e de um reencontro da catolicidade perdida depois da Reforma será, em vão, retomada ao longo dos séculos XVI e XVII, insistindo sempre no mesmo dispositivo de reduzir o número de dogmas para aumentar o número de confissões predispostas a aceitá-los. Boa parte da atividade diplomática de Leibniz é dedicada a esse nobre propósito, como o demonstra abundantemente a sua correspondência, em particular com o cardeal Bossuet. Mas é, como se viria a verificar, uma tarefa inútil, entre outras razões porque, consoante observa Michel de Certeau, "uma verdade surge menos como aquilo que um grupo defende e mais como aquilo com que ele se defende: é, em suma, o que ele faz, a sua maneira de se apresentar, de difundir e de centralizar aquilo que é" (1975, p. 134). Daí que tenham acabado por surgir atitudes de outro tipo diante da ineficácia dos colóquios e da intolerância manifesta, quer nas controvérsias, quer, sobretudo, nas guerras de caráter religioso.

Uma dessas atitudes fora já a dos chamados "cristãos sem Igreja", que ensaiam uma espécie de segunda Reforma, afastando-se de toda e qualquer igreja institucionalizada e refugiando-se na exigência de uma autenticidade talvez impossível. Kolakowski, no conhecido estudo que dedica a esses cristãos heterodoxos, define assim a sua peregrinação solitária, por oposição às confissões reformistas já consolidadas: "a inconsequência da Reforma 'clássica' implantou-a no mundo e permitiu-lhe constituir o seu próprio mundo. Porém, o espírito de continuação dos anticonfessionalistas era um movimento no vazio. Afastado efetivamente de toda e qualquer ligação com as realidades temporais, o contato da alma individual com o absoluto possibilitava-lhe a 'autenticidade', mas só a preço de uma atitude de eremita vivendo no meio da cidade" (1969, p. 66). A preço, poder-se-ia acrescentar, da impotência perante o dilaceramento da Europa em guerras de religião.

E, no entanto, essa atitude de automarginalização e de recusa das confissões positivamente estabelecidas não se esgota como simples eco do pirronismo quinhentista de Francisco Sanches ou de Montaigne: é também um prenúncio de uma outra estratégia para a tolerância, que virá a consubstanciar-se, ainda no decorrer do século XVII, em vários autores, tanto cristãos como judeus. Referimo-nos à estratégia de subalternização das religiões positivas a uma plataforma superior em que se compendiaria o mais autêntico do homem.

Um percurso elucidativo a respeito dessa recusa progressiva dos dogmas é o narrado no *Exemplar humanae vitae* (1640), obra apresentada como autobiografia do marrano português Uriel da Costa. Nascido e batizado no Porto, praticando, tal como a sua família, o judaísmo clandestino, Uriel é obrigado a refugiar-se em Amsterdam, onde integra a comunidade judaica. Cedo, porém, irá recusar alguns dos dogmas pregados na sinagoga, designadamente a vida para além da morte, o que o aproxima de uma seita existente no interior do próprio judaísmo, a seita dos saduceus. Com o tempo e a progressão no cisma, Uriel acaba por rejeitar a própria lei de Moisés e aceitar apenas os sete mandamentos que, segundo os noaquitas, Deus teria dado, através de Noé, a todos os homens, muito antes da formação da nação judaica. Afastado entretanto da sinagoga, devido à publicação das suas ideias em livro, carregando sobre os ombros a intolerância com que a comunidade trata os hereges, resignar-se-á, mais tarde, a voltar. Renega, então, o que havia escrito, mas nem por isso escapa às humilhações que lhe reserva o ritual da reconciliação. Não se sabe até que ponto este implicaria castigos corporais, ou se a violência de que o relato se faz eco seria apenas simbólica. Mas é seguro que, uma vez regressado a casa, Uriel apontou uma arma à cabeça e suicidou-se. Pierre Bayle o mencionaria como um daqueles casos em que, entregue à razão como à vertigem de uma autêntica medusa, o homem soçobra no vazio. E Bayle acrescenta, já no final das páginas que lhe dedica no seu *Dictionnaire Historique et Critique* (1730, t. I): "Aqui está um exemplo que favorece aqueles que condenam a liberdade de filosofar sobre questões religiosas, na medida em que pretendem que este método conduz pouco a pouco ao Ateísmo, ou ao Deísmo. Recordo a reflexão de Acosta quando refere que os judeus, para o tornarem mais odioso, costumavam dizer que ele não era nem judeu, nem cristão, nem maometano."

À sua maneira, bem menos dramática, Espinosa percorre itinerário semelhante quando esboça aquilo que designa como os dogmas da fé, "isto é, os dogmas fundamentais que toda a Escritura visa estabelecer e que [...] devem convergir para o seguinte princípio: existe um ser supremo que ama a justiça e a caridade, ao qual, para ser salvos, todos têm de obedecer e adorar, cultivando a justiça e a caridade para com o próximo" (*T.T.-P.*, cap. XIV, trad. bras., p. 219). E o célebre Isaac de la Peyrère, calvinista convertido ao catolicismo, parece ter morrido intimamente convicto da doutrina expressa no seu livro *Os pré-adamitas*, apesar de exteriormente ser obrigado a renegá-lo. Aí, nessa obra em que alguns colonos norte-americanos irão depois procurar argumentos para o racismo, porquanto veem nela a demonstração de que Deus teria criado vários tipos de homens, Isaac mais não faz, afinal, que recusar o bibliocentrismo e antever a história de uma humanidade universal, história essa que não deveria confundir-se com a narrativa dos feitos de um só povo, este, sim, começado apenas em Adão.

b) Bem diferente desse gênero de tentativas de conciliação com base em mútuas cedências doutrinais ou de reunião mediante uma plataforma em última análise impossível de conseguir – na medida em que para não excluir ninguém ela teria, no limite, de excluir todos os dogmas – é a estratégia, inspirada no cosmopolitismo estoico, que virá depois a constituir o momento decisivo e a parte substantiva da *Aufklärung*. Antecipando o essencial, podemos afirmar que essa estratégia se caracteriza pela procura de uma compatibilização prática de múltiplas incompatibilidades teóricas. No momento em que a unanimidade é tida por utópica e a homogeneização sociodoutrinal é reconhecida como violência, a heterodoxia descobre-se como alteridade definitiva e não mais como desvio transitório. A partir de então, só restavam duas saídas: ou encontrar acordos, visivelmente precários, como o que previa o Édito de Nantes, em que se suspendia, temporariamente que fosse, a política do *cujus regio eius religio*, política essa ainda hoje subjacente a proclamações de direitos universais em geral acompanhadas de um realismo que permite a cada Estado tolerar ou não a diversidade de opiniões no seu interior; ou, em alternativa, promover a consciência individual à categoria de última instância, situada acima dos tribunais civis e eclesiásticos, os quais se arrogaram, até aí, o poder de definir a verdade que deveria ser universalmente aceita.

A primeira dessas fórmulas remete para a tolerância, mas entende-a ainda na acepção tradicional de condescendência para com aquela espécie de ilícito cuja proibição acarreta inconvenientes de qualquer espécie ou se revela, pura e simplesmente, impossível. É também uma atitude tática, que não retira à diferença de opinião o caráter de ilicitude e, por isso mesmo, está condenada a ser suspensa no momento em que as condições se modificarem. Elisabeth Labrousse, no seu livro sobre *La révocation de l'Édit de Nantes*, comenta a esse respeito: "é preciso notar que o Édito de Nantes não tinha estabelecido uma liberdade de consciência, no sentido atual, que pressupõe um individualismo impensável no século XVII e que remete as opções religiosas para a esfera individual e privada. O édito concedia privilégios, minuciosamente circunscritos, às Igrejas reformadas de França; definia os seus espaços de implantação ilícita e reconhecia aos franceses o direito de escolher uma ou outra das duas confissões cristãs reconhecidas do reino" (1985, p. 99). Na prática, porém, tal equilíbrio revelar-se-á permanentemente instável, de tal maneira que Luís XIV, uma vez alcançadas as condições propícias, não hesita, em 1685, em revogá-lo. E de uma França jurídica e religiosamente dividida, passar-se-á de novo a uma *France toute catholique*.

Note-se que um entendimento estratégico, ou mesmo tático, da tolerância se poderia encontrar já em São Tomás de Aquino, que teoriza, no fundo, aquilo que será ao longo dos tempos a atitude habitual da Igreja Católica: intolerância sem tréguas para aqueles que já foram cristãos e romperam a fidelidade a que estavam obrigados, os hereges; condescendência para com os "pagãos", os que nunca foram batizados e, por conseguinte, estão de nascença excluídos da comunidade. Põe-se, todavia, o problema dos ritos exteriores exercidos por estes. São Tomás considera-os "sem qualquer verdade ou utilidade", não vendo "razão para serem tolerados, a não ser, talvez, *para evitar um mal*" (*S.T.*, 2.2, q. 10, a. 11;

itálico nosso). No mesmo artigo ainda, o autor especifica o dito mal como sendo "o escândalo ou perturbação que resultaria dessa intolerância [...], o obstáculo que ela acarretaria à salvação desses infiéis em casos em que a prática da tolerância seria suscetível de os atrair à fé". E, terminando, evidencia uma vez mais a natureza prudencial da argumentação, lembrando que "mesmo os ritos dos hereges e dos pagãos foram tolerados algumas vezes pela Igreja, *quando os infiéis eram ainda a grande maioria*" (itálico nosso).

Há, no entanto, um outro entendimento da tolerância, o qual, se tem na gênese uma postura fundamentalmente cética ou pirrônica, depressa evoluirá para um comprometimento ativo e convicto em defesa daquilo a que na altura se chamam "os direitos da consciência errônea". Na sua base, está, obviamente, a manifesta irredutibilidade das diversas ortodoxias. Mas entre as suas principais motivações conta-se também o fato de ser impossível, conforme diz Bayle, "no estado em que nos encontramos, ter a certeza de que aquilo que nos parece ser a verdade (falo das verdades específicas da religião e não das propriedades dos números, dos princípios de metafísica, ou das demonstrações de geometria) é a verdade absoluta" (ed. 1992, p. 336). Isso porque, acrescenta o mesmo autor, "tudo quanto pode acontecer é estarmos plenamente convencidos de que possuímos a verdade absoluta, de que não nos enganamos, de que são os outros que se enganam, coisas que não são senão marcas equívocas da verdade, uma vez que também se encontram nos pagãos e no mais perdido dos hereges" (*ibid.*). A estratégia começa, pois, por um desvirtuamento dos sinais da verdade invocados pelas diversas ortodoxias, evidenciando que estes são comuns a todas elas e que, por conseguinte, não há nenhum que sirva para demarcar as fronteiras entre religião verdadeira e superstição.

Os escritos do pirronismo da Renascença, em particular os de Montaigne, dissertando sobre a variedade das doutrinas antigas e sobre os povos de que vinha chegando notícia à Europa através de marinheiros e outros viajantes, terá decerto contribuído em muito para tal corrosão de convicções e procedimentos arraigados. Na verdade, o relativismo explicitamente invocado por Pierre Bayle constitui escândalo, no seu tempo, e não só do ponto de vista religioso. "A evidência" – diz ele – "é uma qualidade relativa" (*ibid.*, p. 189) e "é à educação que os homens devem o terem esta e não aquela religião, [...] de tal modo que, se tivéssemos nascido na China, seríamos todos chineses, se estes tivessem nascido na Inglaterra, seriam cristãos, e se mandássemos para uma ilha deserta um homem e uma mulher persuadidos, como se isso fosse um dogma necessário à salvação, de que no céu o todo não é maior que qualquer das suas partes, ao fim de duzentos ou trezentos anos, a religião de todo esse país teria isso por um artigo de fé" (*ibid.*, p. 345). Um escândalo maior seria impensável no quadro conceitual em que a questão é suscitada: quem assim escreve, ou incorre em falta contra o princípio de identidade, ou está implicitamente inocentando o erro. Ora, o erro é ontologicamente idêntico ao mal. Além disso, uma verdade religiosa não é o mesmo que um teorema qualquer: constitui o cimento que liga e consolida uma comunidade, de tal maneira que o heterodoxo surgirá sempre como traidor e, nessa medida, será excomungado e entregue à punição do braço secular. "O herege" – como escreve J. Lecler – "tornava-se, no sentido mais rigoroso do termo, um fora da lei" (*op. cit.*, t. I, p. 107). São Tomás vai ao ponto de pretender que "é muito mais grave corromper a fé, que assegura a vida espiritual, do que falsificar a moeda, que assegura a sobrevivência temporal" (*S.T.*, 2.2, q. II, a. 3).

O que Bayle sustenta nessa matéria já não cabe, porém, na moldura em que a Idade Média a enquadrava. Efetivamente, alguns pensadores, como Abelardo e o próprio São Tomás, tinham chegado a admitir, com maior ou menor convicção, a inocência do erro, na fé ou nas obras, quando ele se devesse à ignorância. Desse modo, quem pensasse ou agisse de boa consciência contra a lei de Deus não seria culpado. A essa tese opor-se-ão, contudo, os defensores de uma moral objetiva, como São Boaventura, segundo os quais não se poderá sobrepor o que dita a consciência individual ao que dita a lei de Deus. Mas nenhuma dessas correntes levanta qualquer dúvida quanto à identificação da verdade e da lei. O que se discute é fundamentalmente a qualificação moral do ato, ou da crença, daquele a quem se imputa com toda a evidência um erro e, por arrastamento, a licitude de condescender e de tolerar. Uma tese como a de Bayle, ao interditar a reivindicação da verdade absoluta por qualquer grupo religioso, ter-lhes-ia parecido um absurdo.

O autor do *Commentaire philosophique* é, obviamente, um cristão. Mas reconhece que os dogmas que para si são absolutamente evidentes não o são para todos os outros. Nessa medida, nenhuma doutrina se poderá erigir em tribunal sobre as restantes, porque em nenhuma delas Deus depositou sinais universalmente irrefutáveis. Onde reside, então, a autoridade para se distinguir o verdadeiro e o falso? Bayle, numa linguagem que faz já lembrar a de Kant, começa por responder: "no parlamento supremo da razão e da luz natural [...] essa luz primitiva e universal que Deus acende na alma de todos os homens" (*ibid.*, pp. 88-9). Mas tal resposta, aparentemente, limita-se a transferir o problema para sede filosófica, em que a variedade de doutrinas não é menor e a evidência, conforme o autor registra um pouco mais adiante, não é menos "relativa". O espinho de Montaigne, como se vê, não dá tréguas, e Bayle acabará por reconhecer que "pode haver certas limitações quando se trata de verdades especulativas", pelo que a "luz natural" só é dada por segura em matéria de "princípios práticos e gerais que se referem aos costumes" (*ibid.*, p. 89). Para a defesa da tolerância, porém, isso é suficiente. Porque ainda que as paixões, os preconceitos, a educação ou os hábitos tenham ofuscado a "ideia de equidade", dando mesmo azo a que se possa pretender justificar racionalmente a intolerância, é sempre possível apurar a verdadeira "luz natural" no capítulo da moral: basta que o indivíduo, sustenta Bayle, em termos que de algum modo antecipam não só Kant, mas também Rawls, "se eleve acima do seu interesse pessoal e dos costumes do seu país e faça a pergunta: será que isso é justo? Se se tratasse de o introduzir num país onde ainda não é aplicado e onde se é livre de agir ou não em conformidade, poderia concluir-se que é suficientemente justo para poder ser aí adotado? Creio que tal exercício de abstração dissiparia certas nuvens que se intrometem, por vezes, entre o nosso espírito e essa luz primitiva e universal que emana de

Deus para mostrar a todos os homens os princípios gerais da equidade" (*ibid.*, p. 90).

A atitude de Bayle é decisiva na transição para o iluminismo, não apenas pela enorme difusão que os seus livros conheceram, mas também pela novidade dos termos em que ele coloca o problema da tolerância. De fato, já tinha sido aflorada por vários autores a necessidade de desvalorizar a discutível universalidade das verdades de fé a favor da unidade em torno da indiscutida universalidade de alguns princípios morais. Quase todos os humanistas discípulos de Erasmo, por exemplo, sublinhavam a importância decisiva da "vida cristã" para a salvação e, ao mesmo tempo, subalternizavam a doutrina, embora invocando sempre a autoridade das Escrituras. Um século antes, o ex-calvinista Sebastião Castellion publicara várias obras sobre a tolerância, em que proclama que a Bíblia é confusa no dogma mas clara na moral. Numa delas, o *Tratado da arte de duvidar e acreditar* (1563), usa até algumas das palavras de Bayle. Assim, logo ao abrir o livro: "Começaremos pelos pontos que não são contestados por nenhuma nação e não podem ser negados nem mesmo pelos que ignoram as Sagradas Escrituras ou que as rejeitam." E, um pouco mais adiante: "A razão é, se assim me posso exprimir, a filha de Deus; ela existiu antes de todas as Escrituras e cerimônias, antes mesmo da criação do mundo; ela existirá depois de todas as Escrituras e cerimônias, depois do Apocalipse e da renovação do estado deste mundo, e já nem o próprio Deus a pode revogar" (cit. in J. Lecler, *ibid.*, t. I, p. 340). Grócio, por seu turno, falando do direito natural e da ordem moral, levará até limites inesperados a tese tomista de que as leis morais se fundam na razão divina, independentemente da divina vontade, quando escreve: "o que acabamos de dizer teria sempre cabimento, mesmo que concordássemos que não existe Deus ou que os assuntos humanos não são objeto dos seus cuidados" (*De jure belli ac pacis*, Prol., § 11).

Tanto Castellion como Grócio são, de resto, frequentemente apontados como precursores do racionalismo deísta da *Aufklärung*. Bayle, no entanto, se é cético diante das pretensas certezas extraídas da Bíblia, não o é menos perante uma razão que ele sabe poder arruinar qualquer certeza por meio do exercício da crítica ou, pior ainda, ser confiscada pelas autoridades civis ou eclesiásticas. E, se desconfia da tão espalhada convicção de Castellion, para quem a razão é o critério para ler a Escritura, e não o inverso, como quer Calvino, desconfia ainda mais das teses que Grócio sustenta no *De imperio summarum potestatum circa sacra* (1647) e que atribuem ao soberano total autoridade em matéria religiosa, ficando esse livre para impor uma religião única ou tolerar várias. Entre a transcendência universal do *lógos* e a imanência da consciência individual, Grócio propunha uma espécie de razão mediadora, a razão de Estado, que será mais tarde entronizada por um absolutismo que se revela tolerante ou não conforme as circunstâncias. Mas Bayle entende ainda a razão, à maneira de Castellion, como algo que emana diretamente de Deus – não de um Deus que assegura a certeza científica, cartesiano, mas de um Deus que é fundamento da ordem moral – e que se impõe, sem mediação, a todo e qualquer indivíduo. Em última instância, isso significa que todos podem conhecer o que dita a razão, pelo menos na ordem prática. Ao contrário, porém, do que pensa Castellion e, sobretudo, a mística protestante, Bayle não infere daqui o efetivo acesso de cada um à verdade mediante a simples auscultação da própria consciência. Porque entre a possibilidade e a efetividade do conhecimento de ordem moral intrometem-se os preconceitos, os costumes locais, a história, em suma. E para chegar a conhecer as suas próprias leis, a razão precisa se aplicar com método e abstrair das condições concretas de cada indivíduo, conforme recomenda o texto de Bayle.

De alguma forma, o programa do iluminismo vai também convergir para esse combate pelo triunfo da razão sobre a superstição e as "trevas", uma e outras invariavelmente associadas à intolerância. Tal combate é, como se sabe, senão linear, pelo menos progressivo e tem uma direção, ou melhor, uma causa: a liberdade. "A natureza" – diz Kant –, "debaixo da rude carapaça, libertou um germe pelo qual vela com toda a ternura, a saber, a inclinação e vocação do homem para pensar livremente" (*Resposta à pergunta: o que são as Luzes?*, A 493). A "rude carapaça" da natureza humana, isto é, o seu condicionamento empírico, está sujeito à necessidade das leis naturais. A par disso, porém, a razão institui-se, no campo moral, em autonomia pura ao tornar-se legisladora de si própria. Nessa medida, a liberdade não se reduz a um direito que os homens fossem adquirindo através da história: é um direito inato. É mesmo, como afirma Kant, o "único direito inato". Com efeito, "a liberdade (a independência relativamente ao arbítrio constritivo de outrem), na medida em que pode coexistir com a liberdade de qualquer outro segundo uma lei universal, é este direito único, originário, que corresponde a todo o homem em virtude da sua humanidade" (*Metafísica dos costumes*, AK. VI, 237). E, sendo inato, o direito à liberdade não pode constituir objeto de contrato.

A partir daqui, se todos os homens, enquanto homens, são igualmente livres, então a tolerância não pode conceber-se como uma benesse que a caridade ou a razão aconselhariam, àquele que pretensamente detém a verdade e o poder nela assente, a manifestar para com os que ele supõe estarem no erro: a tolerância passou definitivamente a ser o equivalente da igualdade. Mirabeau, no célebre discurso de 22 de agosto de 1789 à Assembleia Constituinte, por detrás da retórica revolucionária, enunciara apenas este paradoxo da tolerância que, ao definir-se como igualdade, atinge, simultaneamente, a plenitude de sentido e a sua ausência: "Eu não vim pregar a tolerância! Porque a mais ilimitada liberdade de religião é para mim um direito tão sacrossanto, que a própria palavra 'tolerância' com que se pretende exprimi-lo é já, de algum modo, tirânica [...]. A existência de uma autoridade que tem o poder de tolerar atenta contra a liberdade de pensamento pelo fato mesmo de que tolera e, por conseguinte, poderia não tolerar."

3
A intolerância da razão

Igualitarismo, individualismo e universalismo conjugam-se num sistema conceitual que se autoidentifica com a razão e que, alegadamente, induziria a tolerância. A igualdade dos indivíduos reside na sua identificação mediante a razão universal, e esta, por sua vez, supõe-se que inibe qualquer discriminação no interior da humanidade comumente partilhada. A essa luz, se há diferenças e guerras entre os homens, elas só podem ser causadas por um afastamento dos princípios da razão universal inscritos no interior de cada um. É necessário, portanto, aproximar os homens de si próprios, daquilo que autenticamente os identifica, isto é, da razão, combatendo se necessário o que dela os afasta, a fim de que percebam a sua igualdade e, nessa medida, sejam tolerantes. A tolerância, mal se anuncia, e nas mesmas palavras com que se enuncia, sugere também a intolerância...

Os primeiros alvos dessa "intolerância racional" foram as religiões institucionalizadas que o deísmo racionalista pouco a pouco foi identificando com a superstição e os preconceitos. É certo que a razão moderna se definiu, histórica e ontologicamente, pela liberdade de pensar e de agir sem ser coagido. Seu primeiro obstáculo seria, por isso mesmo, a autoridade injustificada, fosse ela religiosa ou filosófica: ninguém pode ser compelido a aceitar uma verdade ou uma moral que interiormente rejeita, esteja ela em que página ou interpretação da Bíblia estiver, tenha ela sido garantida por quem quer que seja. Acontece que a revelação, em qualquer das suas versões e dogmas, se apresenta como verdade incontestável, gerando assim a exclusão e a intolerância recíproca dos credos. O racionalismo detecta que essa é a raiz do mal e propõe, como remédio, a liberdade. As diversas religiões resistem, a menos que estejam na situação de perseguidas. Mas a ideia avança. E avança, paradoxalmente, no mesmo sentido de uma qualquer crença, como detentora da verdade e pronta a perseguir, assim que puder, todos os que lhe resistam, os hereges da nova "seita".

A princípio, deve-se dizer, a perseguição traduziu-se apenas em literatura panfletária, mais ou menos clandestina, denunciando alegados embustes e falsidades na doutrinação das várias religiões estabelecidas, ou denunciando as perseguições que estas, por seu turno, sempre tinham movido aos adversários. Manifestação extremada desse combate às religiões do Livro é a famigerada obra sobre *Os três impostores*, verdadeiro manifesto racionalista contra as religiões reveladas e seus profetas – Moisés, Cristo e Maomé – a que as circunstâncias adversas viriam a emprestar uma aura de mistério e uma importância talvez desmesuradas quando se atenta ao seu praticamente nulo interesse filosófico. O único fito da obra é desacreditar os chefes religiosos em nome de uma razão transformada em *deus ex machina*. Como diz o seu anônimo autor, "se o povo pudesse compreender para que abismo a ignorância o atira, rapidamente sacudiria o jugo dos seus indignos orientadores, porque é impossível deixar agir a razão sem que ela descubra a verdade. Esses impostores pressentiram-no com tal clareza que, para impedir os bons efeitos que ela infalivelmente produziria, tiveram o cuidado de pintá-la como um monstro incapaz de inspirar um único bom sentimento" (ed. 1796, cap. I, § 3). A razão, promovida a dispositivo da verdade, transformava-se, por sua vez, em credo, resvalando os deístas para procedimentos em tudo semelhantes aos dos membros de uma seita qualquer, a começar pela exibição da sua própria condição de mártires e perseguidos. Hermann Reimarus, na *Apologia ou defesa do adorador de Deus guiado pela razão*, de que Lessing viria, em 1770, a publicar um extrato, dá-nos conta do ambiente que sentem em seu redor os deístas: "É preciso" – escreve – "que acredites em qualquer coisa, não importa o quê! Ser de uma religião puramente racional e pô-la em prática, eis aí o que, pelo menos na cristandade, em parte alguma é permitido! Tens de te ir embora! Mas para onde? Para junto dos judeus, dos turcos, dos pagãos? Mas se eu também não comungo da sua fé! Decerto que vão igualmente odiar-me, amaldiçoar-me, perseguir-me, convencidos de que, fazendo isto, estão a servir a Deus!" (cit. in J.-P. Osier, 1983, p. 214).

Chegaria, porém, o momento de a razão, uma vez conquistada a autoridade cultural, anexar igualmente a autoridade e a soberania políticas, em particular por meio dos processos revolucionários que deram origem à criação dos Estados Unidos da América e à implantação da República na França. Os defensores da liberdade religiosa, designadamente Espinosa, tinham advertido para o fato de o apoio do Estado a uma religião constituir o principal fator de instabilidade e de intolerância. Com a entronização da razão vai passar-se algo de muito semelhante. Os valores religiosos, em função dos quais era regulado o corpo social no interior do espaço teológico-político, serão rendidos pelos valores da nova doutrina – os *direitos sagrados* dos cidadãos – passando estes a tutelar as regras de um jogo que, na essência, permanece o mesmo. Já anteriormente, alguns soberanos absolutistas haviam demonstrado que era possível manter, até com maior eficácia, o domínio sobre todos os súditos por meio de medidas que fomentassem a tolerância. Catarina II, da Rússia, em carta a Diderot, confessava não conhecer outro meio de manter em paz um império como o russo, onde se integram tantos povos e tantas religiões, a não ser com a liberdade de culto e de pensamento. E o próprio Kant, na citada *Resposta à pergunta: o que são as Luzes?* (A 492), enaltece em termos lapidares a ação de Frederico II, da Prússia: "Um príncipe que não acha que é desprimoroso para si afirmar que considera ser seu dever, em matérias religiosas, não prescrever o que quer que seja ao seu povo, mas conceder-lhe plena liberdade, um príncipe que vai mesmo ao ponto de declinar o título presunçoso de *tolerante*, é, ele próprio, ilustrado." Lessing, todavia, em 1769 pusera o dedo na ferida desse tipo de tolerância, em carta dirigida a Nicolai: "nem me fale da sua liberdade berlinense de pensar e escrever. Ela reduz-se pura e simplesmente à liberdade de apregoar contra a religião todos os disparates que se quiser [...]. Deixe que surja alguém em Berlim a querer erguer a sua voz em favor dos direitos dos súditos, contra a extorsão e o despotismo, como agora sucede mesmo na França e na Dinamarca, e em breve fará a experiência de saber qual é, hoje, o país mais escravizado da Europa" (cit. in M. R. Sanches, 1994, p. 207).

As revoluções, é certo, não se detêm na distinção entre absolutismo fanático e absolutismo tolerante, condenando pelo mesmo processo a autoridade teológica e a autoridade política do rei, por considerarem ambas carecidas de legitimidade racional. O princípio de que tudo o que ficar fora da razão, sendo ignorância ou desrazão, é fonte de intolerância estava consagrado. A par, no entanto, dos seus efeitos estimáveis, tais como a denúncia do fanatismo e a afirmação da liberdade individual, esse princípio apresenta um efeito paradoxal e perverso, qual seja, o de forçar a razão a cobrir sob o seu manto comportamentos de inquestionável intolerância. Vejam-se as tentativas filosóficas, biológicas e, sobretudo, sociológicas para fundamentar, nos Estados Unidos da América, a prática da escravatura, prática essa que se inaugura só em meados do século XVII, vencendo, por recurso a argumentação ora bíblica ora racional, as reticências iniciais de alguns puritanos. Que os primeiros negros a chegar à América do Norte, saídos da Martinica, portassem como proteção um contrato de trabalho por sete anos e que, dois séculos depois, os primeiros tratados da sociologia americana, a par das mais consagradas revistas – por exemplo, o *American Journal of Sociology* –, se dedicassem a teorizar, sob a autoridade de Gobineau ou de Galton, vulgares sentimentos raciais de colonos incultos, constitui, aliás, no mínimo um revisionismo singular! (cf. Wieviorka, 1991).

Mais interessante, todavia, que observar na América esse paradoxo (que se prolongou até meados do século XX, embora tenham aparecido obras, como a de Tocqueville, condenando o racismo), será surpreendê-lo ainda na França, onde a mesma razão se vai metamorfosear em terror, perseguindo aqueles que considera seus inimigos. "O Governo" – escreve Benjamin Constant, logo em 1797 – "tinha o direito de punir os padres agitadores. Mas o Terror fez deles proscritos, assassinou-os, quis aniquilar todos os padres: recriou uma classe para a massacrar. A justiça teria paralisado o fanatismo; o Terror, ao persegui-lo, ao combatê-lo pela injustiça e a crueldade, fez dele um objeto sagrado aos olhos de alguns, respeitável aos olhos de muitos, quase interessante aos olhos de todos" (ed. 1988, p. 171). Constant, repare-se, é ainda um crente na razão. Discorda do terror, mas apenas por considerá-lo um método errado, um desvio, à semelhança do que haviam feito, no interior de várias religiões, os que se opunham à intolerância. O terror revolucionário, todavia, diferentemente do terror arbitrário do *Ancien Régime* ou das Inquisições, tinha a pretensão e a necessidade de se justificar racionalmente. Persegue-se, tortura-se, queima-se ou guilhotina-se sempre em nome de qualquer coisa, seja em nome de Deus, dos interesses de um país ou de um soberano. A Revolução Francesa inaugurou o terror em nome da razão, atribuindo assim "uma substância a algo que era apenas um atributo do poder arbitrário" (Lefort, 1983, p. 25).

Numa primeira fase, ainda inconsistente, o terror revolucionário autojustificou-se pela necessidade de combater a tirania. Saint-Just declara: "não tereis vós o direito de tratar a tirania como em outros países se trata a liberdade?" (cit. in Lefort, *ibid.*, p. 24). A analogia anteriormente feita entre os mártires da razão e os mártires da religião prolonga-se aqui, perigosamente, na analogia entre os carrascos da Revolução e os carrascos da tirania. O direito já se equipara à violência. Numa segunda fase, porém, o direito vai mais longe e assimila a violência, incorporando-a, ao mesmo tempo que a razão se perde no seu próprio labirinto. É Robespierre quem dá esse passo ao proclamar-se "escravo da liberdade", num paradoxo de consequências hoje bem conhecidas. Saint-Just, uma vez mais, limita-se a enunciar a fórmula encontrada pela Revolução para resolver o problema de La Boétie, ao garantir que "aquilo que constitui a República é a destruição total do que se lhe opõe" (*ibid.*, p. 31).

Suprema ironia, a mesma República que surgira da reivindicação do direito à diferença, da liberdade e da tolerância, chamará a si, uma vez triunfante, o direito à intolerância, a uma intolerância literalmente constitucional, porquanto é a destruição do *outro* que a constitui. O reino da liberdade, revela-se, afinal, um reino da tirania. Porém, a sua dinâmica constituinte, ao identificar-se com um vulgar mecanismo de vigilância e policiamento, torna-se, por assim dizer, prisioneira do adversário, do inimigo, do *outro*: sem inimigos, ela ficaria sem justificação.

Em síntese, o Terror revelar-se-á uma máquina autossustentada, que promove os carrascos a heróis, os delatores a cidadãos exemplares e os cidadãos, quem quer que eles sejam, a suspeitos. Ao cabo da sua marcha triunfal, a razão descobrir-se-á religião, o universal instalar-se-á na particularidade. Se dúvidas ainda houvesse, Robespierre tê-las-ia afastado ao promover o culto do Ser Supremo, verdadeira abóbada do terror e, em simultâneo, reconhecimento do inevitável recuo da razão ao rever-se na sua própria antítese. Comenta Hannah Arendt que "o ridículo do empreendimento era tão grande que se deve ter tornado manifesto àqueles que assistiram às primeiras cenas, tal como veio a ser para as gerações futuras; logo de início, deve ter dado a impressão de que o deus dos filósofos sobre o qual Lutero e Pascal descarregaram o seu desprezo teria, finalmente, decidido revelar-se sob a aparência de um palhaço de circo" (1962, trad. port., p. 182).

A seu tempo, Marx irá instaurar o conhecido processo a essa e outras tentativas – a de D. F. Strauss e a de Feuerbach, por exemplo –, não por acaso consideradas idealistas e inconsequentes, de ataques à religião que, de uma ou de outra forma, se tornam suspeitas de aparecer como novas religiões, na medida em que criticam a crença de um ponto de vista psicológico ou antropológico e não social. Diante do marxismo, a religião não é um simples erro especulativo, uma expressão da ignorância do povo: é, sim, um obstáculo, o maior obstáculo à libertação do homem. Porque ao falar de uma vida depois da morte, ao invocar a felicidade no além, a religião torna o homem indiferente à vida real e disponível para a sujeição no interior do processo produtivo. É a celebrada tese segundo a qual "a religião é o ópio do povo". Não basta a Marx – e este é um ponto decisivo no que toca à tolerância – a emancipação do Estado perante a religião. "A emancipação do Estado perante a religião" – escreve o autor em *A questão judaica* – "deixa intacta a religião, mesmo que não se trate de uma religião privilegiada [...]. A emancipação do Estado diante da religião não é a emancipação do homem real diante da religião" (*Marx-Engels Werke*, vol. I, p. 361). Por conseguinte, o verdadeiro combate antirreligioso não se trava no plano filosófico, como julgaria Feuerbach, trava-se na práxis sociopolítica, na "luta de classes". Feuerbach estava ainda com os que pretendiam interpretar o mundo, quando o que era necessário não era interpretar mas transformar o mundo, conforme explicita precisamente a XI das *Teses sobre Feuerbach*. O que Lênin depois faz, nos textos compilados em *Sobre a religião*, não é mais do que pensar a "tática" para o combate à mesma religião, de modo a, sem perder de vista a estreita conexão entre o marxismo e o materialismo ateu, nem a respectiva incompatibilidade com a crença religiosa, se manter a subordinação da luta contra a religião à luta pelo socialismo: "na luta contra os preconceitos religiosos, deve proceder-se de modo extraordinariamente cauteloso [...]. Se exagerarmos na luta, poderemos exasperar as massas [...]. As raízes mais profundas dos preconceitos religiosos são a pobreza e a ignorância: são esses os males que devemos combater" (*Discurso ao I Congresso Geral dos Operários*, 19 de novembro de 1918). Identificar o mal e as suas consequências, cortá-lo pela raiz, é essa a tarefa que a razão se atribui a si mesma, exatamente como acontece às diversas religiões por ela denunciadas. Mas o arrancar do mal deverá fazer-se sem dor, se possível pela persuasão. Neste capítulo, a semelhança entre algumas páginas de Lênin e as de certos Padres da Igreja é elucidativa. Não são recomendações que derivem da tolerância, são normas que derivam da simples tática. No fundo, o marxismo--leninismo visa aquilo que considera ser a libertação "efetiva" do homem, e essa libertação só se fará a partir da homogeneização do espaço social, ou seja, da instauração de uma sociedade sem classes.

A revolução republicana, é certo, proclamara na França a liberdade e igualdade dos cidadãos. Mas os "direitos do homem" que a República proclama são meramente "abstratos", dirá ainda Marx, na medida em que a liberdade e a igualdade políticas constituem uma ficção enquanto não houver igualdade social. Quem a República tomou por inimigos e fez vítimas da sua intolerância foram os verdadeiros ou alegados inimigos da Constituição, que se baseava no direito à liberdade e à igualdade, ou seja, na neutralidade e universalidade da lei diante das diferenças individuais. E se é verdade que o Terror evidenciou suficientemente as fragilidades de tal arquitetura política, não é menos verdade que a ideologia em nome da qual se perseguiu e condenou durante a Revolução permaneceu fiel a princípios individualistas. Marx acusa os revolucionários de 1789 de escamotearem as diferenças, não de as negarem.

O movimento comunista antevê uma sociedade reconciliada consigo própria, livre das diferenças ocasionadas pelo direito de propriedade. E, uma vez que essa sociedade deve, desde já, aparecer prefigurada pelos soviets, a abolição das diferenças e a homogeneização do espaço social fica na ordem do dia logo no início da Revolução bolchevique. A intolerância, ainda aqui, vai decorrer da procura da tolerância: fazer a revolução significa erradicar as causas do mal, o que implicará um combate permanente aos inimigos, sempre em nome da consolidação de um corpo coeso e uno, cuja atividade reside, por sua vez, na produção da coesão, isto é, na eliminação da diferença. À semelhança, porém, do que acontecia com a guilhotina, sem inimigos, a revolução para. O presságio de Saint-Just, segundo o qual a revolução, tal como o deus Cronos, traga os próprios filhos, transformou-se, no totalitarismo soviético, em autêntico registro do funcionamento do aparelho: produzir e eliminar inimigos. Produção disfarçada, na medida em que o inimigo é sempre apresentado como um elemento estranho, que vem de fora ou está a soldo do estrangeiro; eliminação assumida, encenada mesmo, em processos como os de Moscou no tempo de Stalin, porquanto a revolução é, primeiro, o sacrifício do indivíduo aos soviets, comitês de fábrica ou de bairro, milícias e órgãos revolucionários; é, depois, o sacrifício destes ao Partido; depois ainda, o sacrifício do Partido à vontade da sua direção; é, finalmente, o sacrifício da vontade da direção à vontade do líder. E tudo isso em nome de uma verdade erguida como autêntica fonte da lei. Conforme diz Claude Lefort, "não há mais critérios últimos da lei, nem critérios últimos do conhecimento, que estejam subtraídos ao poder" (1981, p. 103). A mascarada que representou a biologia de Lyssenko ou a linguística do próprio Stalin não foram acidentes de percurso. Mas ninguém melhor do que Trotski, ele próprio cúmplice e agente da primeira fase do totalitarismo marxista, poderia sintetizar a sua essência: "O Estado sou eu! é quase uma fórmula liberal quando comparada com as realidades do regime totalitário de Stalin. Luís XIV não se identificava senão com o Estado. Os papas de Roma identificavam-se com o Estado e ao mesmo tempo com a Igreja, mas só quando detinham o poder temporal. O Estado totalitário vai muito além do cesaropapismo, na medida em que abarca toda a economia do país. Diferentemente do Rei-Sol, Stalin pode, com razão, afirmar: a Sociedade sou eu!" (cit. in Lefort, 1981, p. 90).

A tentativa marxista de "racionalizar o real" degenera, pois, no exato oposto da razão, ou seja, na violência intolerante, à semelhança do que já acontecera, na França, com a intolerância republicana. Tratar-se-á de desvios que se confinam seja à pessoa de Stalin, como pensa Trotski, seja a determinado período da Revolução Francesa, ou, pelo contrário, estaremos perante o inevitável desenrolar da dinâmica racionalista? Avançando um pouco mais, estará a versão liberal do racionalismo a salvo desse mesmo tipo de riscos? Vejamos o caso de Stuart Mill, cujo *On Liberty* (1859) é considerado um clássico entre a bibliografia da tolerância. Ninguém, antes dele, levou tão longe a defesa da liberdade de opinião e de expressão enquanto condicionalismo necessário não apenas ao apuramento da verdade nas suas diversas facetas, mas igualmente à revitalização das convicções através do debate. Ninguém denunciou com tal vigor a intolerância da opinião maioritária, silenciosa e difusamente expressa na crítica social às atitudes individuais. Ninguém, em suma, foi tão explícito ao sustentar a tolerância para com os ateus ou, mais original ainda, para com pessoas que se dizem cristãos, como os mórmons, e que vivem segundo costumes tão estranhos ao cristianismo tradicional como é a poligamia. No entanto, o mesmo Stuart Mill, que se opõe a qualquer intervenção da sociedade sobre a liberdade individual, ainda que seja em nome do bem moral ou físico do próprio indivíduo, não só exclui do âmbito de tal doutrina "aqueles povos atrasados cuja raça pode considerar-se na sua menoridade", como considera que "o despotismo é um modo legítimo de governo quando se tem de tratar com selvagens, contanto que o objetivo seja o seu próprio aperfeiçoamento, ficando os meios justificados se esse fim se realizar" (ed. 1974, p. 69). E jamais lhe ocorreu perguntar qual o critério para decidir o momento em que uma raça atinge a maioridade e passa ao grupo daquelas em que, em lugar do despotismo, deverá imperiosamente vigorar a tolerância... Por força dos condicionalismos históricos? Um século antes, Montesquieu, informado por relatos tão dramáticos sobre a situação colonial como a *Brevísima relación de la destrucción de las Indias* (1552), do Pe. Bartolomé de Las Casas, resumia, ironicamente, em *L'esprit des lois* (XV, 5): "é impossível supormos que estas gentes [negros, índios] sejam homens, porque, se pensássemos assim, começaríamos a acreditar que nós não somos cristãos".

A essa tolerância sustentada nas sociedades liberais chama Herbert Marcuse *"repressive tolerance"*, designação que é título do mais conhecido dos seus ensaios sobre o tema. Inspirado na crítica marxista aos direitos do homem, Marcuse considera que a tolerância se converteu, nessas sociedades, numa espécie de legitimação da ordem estabelecida, que se manifesta, por sua vez, como violência: "aquilo que hoje se proclama e pratica como tolerância está, em muitas das suas manifestações, a serviço da causa da opressão" (1965, ed. 1974, p. 95). De fato, prossegue o autor, a tolerância deve existir, não porque não haja uma verdade e tudo seja relativo, mas precisamente porque existe uma verdade objetiva, que só se pode alcançar mediante o livre uso da razão. Acontece que a verdade não se afirma por si própria e a história ilustra frequentemente o triunfo do erro: "a intolerância atrasou em centenas de anos o progresso e prolongou a escravidão e a tortura de inocentes. Não acontecerá o mesmo com a tolerância indiscriminada e pura? Não haverá situações históricas em que tal tolerância impede a libertação e multiplica as vítimas que são sacrificadas ao *status quo*? Pode a garantia indiscriminada de direitos políticos ser repressiva?" (*ibid.*, p. 105).

Marcuse responde positivamente, alegando que "a liberdade e igualdade de discussão só podem desempenhar a função que lhes é atribuída se forem *racionais* – expressão e desenvolvimento de pensares independentes, livres de intoxicação doutrinária, manipulação, autoridade alheia" (*ibid.*, p. 107). Ora, o que se passa, hoje, nas sociedades liberais e capitalistas é que "se podem ouvir todos os pontos de vista: o comunista e o fascista, a esquerda e a direita, o branco e o negro, os que lutam pelo armamento e os que lutam pelo desarmamento" (*ibid.*, p. 108). Aparentemente, isso deixaria supor que as pessoas são sumamente soberanas, na medida em que, para decidirem, lhes é facultado o acesso a todas as opiniões. Mas, para que isso fosse verdade, era necessário que a avaliação das opiniões fosse o resultado de um raciocínio autônomo. Ora, "com a concentração do poder econômico e político e com a integração dos opostos numa sociedade que usa a tecnologia como um instrumento de dominação, a dissidência efetiva está bloqueada onde deveria emergir livremente: na formação da opinião, na informação e comunicação, na linguagem" (*ibid.*, p. 109). Não é apenas o caráter monopolístico da mídia: é também o significado das palavras que está "rigidamente estabilizado". E embora se possam ouvir palavras e ideias diferentes, mesmo assim a dissidência continua bloqueada e o *status quo* assegurado, uma vez que a maioria conservadora desencadeia de imediato um verdadeiro processo de interpretação que assimila e traduz em termos consentâneos as ideias potencialmente indutoras de alternativas e desagregadoras do "sistema". O exemplo dado por Marcuse é conhecido: existe a tese "nós trabalhamos pela paz", a antítese "nós preparamos a guerra", e a síntese, que reduz a tese à antítese, "preparar a guerra é trabalhar pela paz".

À falsa tolerância opor-se-ia, segundo o autor, uma verdadeira tolerância. Recorde-se, no entanto, que a tolerância ideal, para Marcuse, só poderá existir numa sociedade de pessoas verdadeiramente iguais, a qual, ele próprio confessa, não existe, por ora, em parte alguma. O que existe são sociedades, em particular no Ocidente, em que se exerce a violência física e mental dos opressores sobre os oprimidos. Mas há, por outro lado, um dado de fato, uma constante histórica, que é a de que a violência dos oprimidos terá significado sempre um passo adiante na sua libertação, um "progresso na civilização", fosse na Inglaterra ou na França, na China ou em Cuba, e de que a violência dos opressores se traduziu sistematicamente em barbárie e retrocesso, como se viu pelo fascismo e o nazismo. Daí, dessa "síntese" da história moderna, o autor retira a ideia de que, sendo a tolerância inseparável da libertação e da procura da igualdade na razão, "uma tolerância libertadora tem de significar a intolerância para com os movimentos da direita e a tolerância para com os movimentos da esquerda" (*ibid.*, p. 123). Deste modo, e tal como acontecia em Robespierre ou Saint-Just, o círculo fecha-se uma vez mais: a verdadeira tolerância "é" intolerância, a verdadeira razão "está" na violência.

4
A natureza intolerante

Entre o conceito de homem e o conceito de tolerância o racionalismo moderno supõe, como vimos, uma espécie de conaturalidade. A tal ponto é assim que a figura do excluído nos aparece com frequência empurrada para o espaço difuso de uma "quase humanidade", um intervalo entre o animal e o homem que se explicaria historicamente, como fase transitória num processo que culmina no pleno acesso à razão universal, ou mesmo ontologicamente, como destino e limite inerentes à condição de determinados seres votados à inferioridade no interior da espécie. Em contrapartida, o partilhar em plenitude da razão é apresentado como sinônimo de pertença à natureza humana, implicando a obrigação de tolerar e o direito a ser tolerado.

Tal conaturalidade, cara a Voltaire e a todo o iluminismo, vem, no entanto, geneticamente afetada por uma lacuna que poderíamos chamar de elisão do particular. Na verdade, ao fundamentar a tolerância unicamente no fato de o indivíduo partilhar da razão universal, ela deixa indeterminada toda e qualquer mediação, todo e qualquer conceito destinado a pensar solidariedades locais, regionais ou mesmo nacionais. A sustentação que Rousseau apresenta, por exemplo, para um conceito tão decisivo na sua obra como é o de *citoyen* afigura-se, sob esse ponto de vista, pouco consistente. Dito de outra forma, permanece sem resposta em que termos o cidadão de uma República se legitimará perante uma cidadania cosmopolita de inspiração estoica e, à primeira vista, bem mais conforme com o universalismo das Luzes. A verdade é que, à parte as raras e bem conhecidas especulações, em geral céticas, a respeito de uma "paz perpétua", toda a tradição jusnaturalista dá por assente a tese de que, entre repúblicas, os únicos princípios que vigoram são os do "estado de natureza", ou seja, o direito do mais forte. Admite-se, portanto, a par da lógica das relações interindividuais, tutelada pela regra da tolerância universal, uma lógica das relações intergrupais que teria subjacente a conflitualidade natural dos conjuntos, maiores ou menores, de indivíduos.

Pode-se, todavia, questionar também a própria ideia de tolerância indiscriminada entre os indivíduos que o iluminismo apresenta como "apanágio da humanidade" e como sentimento inscrito no íntimo de cada um dos elementos da espécie. David Hume, por exemplo, opõe-se a essa ideia quando afirma que "na mente dos homens não existe uma paixão como o amor à humanidade, considerada apenas como tal e independentemente das qualidades das pessoas, dos favores que nos façam ou da relação que tenham conosco" (*A Treatise of Human Nature*, 3.2.1, ed. 1964, vol. II, p. 225). E um pouco mais adiante, após sublinhar que "a ideia de justiça não pode alguma vez servir nem ser considerada um princípio natural, capaz de inspirar nos homens um comportamento equitativo de uns para com os outros", Hume irá apresentar uma concepção original do que vulgarmente se chama a "benevolência limitada", isto é, a ideia de que os sentimentos, em particular a simpatia, conhecem uma gradação de intensidade. Assim, "é manifesto que, na estrutura original da mente, a atenção mais intensa está centrada em nós próprios; a seguinte em intensidade dirige-se às pessoas das nossas relações e aos conhecidos; só a mais fraca atinge os estranhos e as pessoas que nos são indiferentes" (3.2.2, ed. 1964, vol. II, pp. 261-2).

A ideia de "benevolência limitada" contém implícita uma dupla refutação. Por um lado, ela opõe-se ao individualismo metodológico dos contratualistas, que vê os homens como *partes extra partes* no interior da sociedade, afirmando repetidamente que o homem jamais existiu a não ser em comunidades e que, por conseguinte, é fantasiosa a suposição de um ser cujos instintos, centrados apenas em si próprio, acabariam por condensar-se no medo perante os outros, conforme pretendia Hobbes. Por outro lado, sendo a "simpatia" limitada e esbatendo-se em círculos de cada vez menor intensidade, não há qualquer lugar na natureza para uma simpatia universal, o que explica também o interesse de Hume pelo "Caráter das Nações", título de um outro ensaio seu. Tanto a ideia de justiça como a de propriedade privada são, portanto, consideradas artificiais e destinam-se a estabilizar as relações entre agregados, na medida em que os afetos, por si sós, alimentariam a luta permanente pela posse dos bens. Pode perguntar-se, e com razão, como é que o artificialismo a que, no fundo, se reduziriam as ideias morais consegue operar essa estabilização de modo definitivo e generalizado, impedindo a desagregação das sociedades. Mas é precisamente aí que a "simpatia", como substrato natural do *moral sense*, desempenha a sua função de mediadora entre *phýsis* e *nómos*, natureza e convenção, de tal maneira que se revela ineficaz e ilusória qualquer ideia de tolerância ditada pela razão e apresentada como um horizonte para muito além do que a mesma "simpatia" alcança. O próprio Kant, embora com outros pressupostos, também o confirma, quando alude às incontornáveis resistências que a natureza, através da diferença de línguas e de religiões, opõe à ideia de paz universal vislumbrada pela razão como um imperativo da humanidade: "O anseio de todo o Estado (ou da sua autoridade suprema) é estabelecer-se numa situação de paz duradoura, de modo a dominar, se possível, o mundo inteiro. Mas a natureza quer outra coisa. E serve-se de dois meios para evitar a confusão dos povos e separá-los: a diferença das línguas e das religiões" (*A paz perpétua*, B 64).

Aparentemente, o darwinismo, com a ideia da "luta pela sobrevivência", constituiria apenas um prolongamento da formulação de David Hume. E, de certo modo, a exemplo do autor de *The Descent of Man* (1871) assenta sobre alicerces empiristas, radicalizando embora a importância da natureza a ponto de reduzir a moral a uma das várias reificações da estratégia progressiva de adaptação dos indivíduos ao meio ambiente. A luta pela vida é uma guerra sem quartel entre semelhantes. Salvam-se apenas os mais aptos e essa aptidão não é mais do que a capacidade de aproveitar as condições do meio em favor da descendência: a história de cada espécie resume-se num processo cumulativo de condutas bem-sucedidas, de estratégias vitoriosas e, por isso mesmo, geneticamente incorporadas. Instinto e inteligência, simpatia e moral devem por isso entender-se no quadro da evolução da espécie humana, quadro em que vão surgir condutas éticas e códigos de aprovação dessas mesmas condutas como elementos de uma estratégia adaptacionista. Ao contrário, porém, de David Hume, que circunscreve em definitivo o mecanismo da simpatia a um horizonte mais ou menos lato mas sempre grupal, o evolucionismo de Darwin, ao pressupor o progresso e o aperfeiçoamento indefinido das condutas instintivas e racionais, abre explicitamente as portas a um alargamento crescente do raio de ação da moralidade e admite, em consequência e ainda que só em tese, a extensão da "simpatia" tribal à humanidade inteira, num futuro evidentemente incerto: "À medida que o homem avança em civilização e que as pequenas tribos se reúnem em comunidades mais numerosas, a simples razão indica a cada indivíduo que deve estender os seus instintos sociais e a sua simpatia a todos os membros da mesma nação, se bem que não os conheça pessoalmente. Atingido esse ponto, só uma barreira artificial pode impedir as suas simpatias de se estenderem a todos os homens de todas as nações e de todas as raças" (*The Descent of Man*, trad. port., p. 149).

Tal perspectiva apresenta, porém, pelo menos uma dificuldade: a de conciliar a lei geral da "luta pela sobrevivência", que é uma luta entre indivíduos da mesma espécie e que, portanto, consagra o egoísmo natural, com a reconciliação universal que os mecanismos adaptacionistas da simpatia e da inteligência racional acabariam por trazer à humanidade. E não se trata apenas de uma questão de mais ou menos escatologia, de maior ou menor flexibilidade científica. Trata-se, conforme se darão conta o neodarwinismo e, em particular, a sociobiologia, da impossibilidade de explicar, nesse caso, o comportamento altruísta em que um gesto de tolerância sempre se traduz. Com efeito, se a hereditariedade é seletiva, porquanto não sobrevivem senão os portadores de genes em que se cristalizam vantagens e mais-valias de aptidões individuais, como explicar o altruísmo, que é, por definição, uma perda, uma cedência de território, de alimento ou mesmo da própria vida em prol dos outros? Como sobrevivem e se reproduzem aptidões nefastas para o indivíduo, ainda que eventualmente se traduzam em vantagens para a espécie? Qual é, no fim de contas, a gênese dos valores morais?

Um intérprete recente de Darwin, Patrick Tort, apresenta uma explicação bastante sugestiva, ao observar que o acréscimo progressivo de instintos sociais apurados pela seleção natural equivale a que ela esteja, de fato, selecionando progressivamente o seu contrário, isto é, uma civilização assente "na seleção de comportamentos antisseletivos" (1983, p. 126). É o fenômeno a que o autor chama de "efeito reversivo" e mediante o qual a seleção, "sem ter um único instante deixado de agir seletivamente", acaba por "fornecer, em vez do extermínio dos fracos, comportamentos de ajuda e assistência aos menos aptos" (*ibid.*). Tal interpretação, como é fácil de reparar, além de subverter toda uma rotina que associa Darwin ao mais trivial do pensamento racista, permitiria fundar uma moral da tolerância e igualdade entre as raças, sem recurso a valores transcendentes. Infelizmente, não se vê com que fundamento ficariam excluídos outros "itinerários" possíveis da evolução, por exemplo, as várias formas de eugenismo e melhoria biológica das populações ou o combate contra "degenerescências", quer da humanidade, quer de uma raça, aparentemente também legitimadas pela teoria da seleção natural.

O problema da gênese, neste caso genealogia, da moral e da tolerância é igualmente tratado por Nietzsche, que tenta resolvê-lo através do pressuposto da evolução paralela de uma raça de vencedores e de uma raça de vencidos, as quais seriam responsáveis pela instauração de uma dupla pré-história do bem e do mal. Para os vencedores, as castas dominantes, o bem é a capacidade de responder golpe por golpe; o mal é a impotência. Solidários, "ligados entre si pelo espírito da represália", os bons não veem o inimigo como um ser mau: "Em Homero, o troiano e o grego são ambos bons. Não passa por mau o que nos inflige algum dano, mas sim aquele que é desprezível. Na comunidade dos bons, o bem é hereditário" (*Humano, demasiado humano*, p. 45). Em contrapartida, os impotentes veem o mal em cada um dos outros homens e, levados pelo medo, interpretam "os sinais de bondade, abnegação e piedade como outras tantas perfídias [...] meios de adormecer e enganar a vigilância, em suma, refinada maldade" (*ibid.*). É essa moral dos escravos, ou do ressentimento, explicitada também por Nietzsche em *A genealogia da moral*, que engendra o conceito de tolerância como forma de neutralização da agressividade e expressão última da produção de valores pela impotência. A partir do momento em que ela triunfa e os seus valores se generalizam em dada civilização, a ruína estará, segundo o filósofo, iminente[1].

Darwin, de certo modo, também pensava o mesmo, quando garantia ser do interesse de uma espécie animal que, de entre dois rivais, o mais forte conquiste o território ou a fêmea desejada. Por-

---

[1] O estilo habitualmente aforístico e a natureza "perspectivista" do pensamento de Nietzsche resistem, no entanto, a uma classificação demasiado rígida, nesta como em outras matérias. Se a tolerância, como tal, é justamente apontada como um valor que se forjou na luta de minorias contra o poder e, nessa medida, como um recurso historicamente ditado pela "impotência", não faltam, em contrapartida, na obra do autor, manifestações de um individualismo só pensável num horizonte de tolerância. A título de exemplo, leia-se, em *A gaia ciência*, § 143: "A lei de toda a eticidade ditava, outrora, que se devia ser *hostil* a esse impulso para um ideal próprio. Existia então *uma* norma apenas, o 'homem', e cada povo julgava *possuir* essa norma, *única e suprema*. Mas, acima de si, num longínquo mundo superior, era permitido ao homem *contemplar* uma multiplicidade de normas: um deus não era a negação de outro deus, nem uma blasfêmia contra ele! Era aí, pela primeira vez, permitida a existência do indivíduo [...]. No politeísmo estavam figuradas a liberdade e a pluralidade de espírito do homem, a força de criar por si um novo modo de ver muito próprio, de molde que para o homem, e só para ele de entre todos os animais, deixasse de haver horizontes e perspectivas imutavelmente eternas." Qualquer reflexão sobre a tolerância que se recuse a identificá-la com uma espécie de condescendência ou caridade não pode senão rever-se em textos como este.

que essa agressividade entre indivíduos da mesma espécie é que elimina os mais fracos e, do mesmo passo, apura os mais capazes para a defesa do grupo perante as adversidades vindas do exterior. Konrad Lorenz, um discípulo de Darwin, vai mesmo ao ponto de considerar que a agressividade no interior de uma espécie, ou seja, a intolerância natural, é necessária para assegurar a boa distribuição do espaço vital: "O perigo de que, numa parte do biótipo disponível, uma população demasiado densa de uma só espécie de animais esgote todos os recursos alimentares é eliminado do modo mais simples se esses animais da mesma espécie sentirem repugnância uns pelos outros" (1979, p. 44). A tese, todavia, parece de difícil sustentação, não tanto pela sua imponderabilidade social e pelos riscos da sua extensão ao gênero humano, mas sobretudo pela sua duvidosa pertinência em sede sociobiológica. A confirmá-lo, vejam-se algumas das mais recentes investigações nessa matéria, que vão frontalmente contra Lorenz, a ponto de identificar a moral e o bem como fenômenos de natureza orgânica que se traduziriam numa secreção interna de opiáceos produzida quando da prática de gestos altruístas (cf. Conde, 1989) e responsável por uma sensação de bem-estar e felicidade no indivíduo.

No caso de Freud, tratando-se reconhecidamente de um leitor de Darwin, os seus pressupostos em matéria de biologia tampouco se caracterizam por considerações otimistas a respeito da espécie. Evidentemente, o criador da psicanálise considera a tolerância um ideal civilizacional. Mas a finalidade que lhe atribui não é senão a de evitar o caos e a ruína a que as pulsões instintivas conduziriam. Em *Totem e tabu*, o nascimento da civilização aparece com a morte do pai, mediante a qual se dá, por um lado, a apropriação das mulheres por parte dos filhos e a descoberta de que a força do conjunto é superior à do indivíduo; por outro lado, a incorporação da culpa, bem assim das regras do Tabu necessárias à conservação desse novo estado de coisas. O amor e a necessidade, Eros e Ananké, presidem assim à instauração da vida em sociedade.

Tal conjugação, conforme Freud explicita em *O mal-estar na civilização*, revela-se inerentemente frágil, porquanto é a experiência sexual que proporciona ao ser humano a verdadeira satisfação e constitui "o protótipo de toda a felicidade", experiência essa que a civilização tende a contrariar. Com efeito, à coesão social não basta a solidariedade no trabalho justificada pela necessidade comum de subsistência e defesa. A civilização exige também o reinvestimento, sob a forma de estima para com os outros, de uma parte cada vez maior do instinto sexual: primeiro, para com os irmãos e a família; depois, progressivamente, para com um número crescente de indivíduos, até uma possível amizade e tolerância universal. O amor, no entanto, mesmo que "inibido quanto à sua finalidade", sublimado em sentimentos de amizade, estima e tolerância, não deixa de ser manifestação de sexualidade latente, nem escapa à sua matriz genital. Sendo assim, a tolerância universal que a civilização ditaria ou, pelo menos, aponta como horizonte possível, revela-se absurda e contraditória. Em primeiro lugar, porque o amor, sob a forma de estima, apesar de não implicar a dependência em relação ao *outro*, objeto do desejo, nem a sensação de posse e exclusivismo que apresenta sob o ponto de vista genital, mantém, ainda assim, as suas marcas genealógicas, na medida em que representa um processo de identificação que separa os "estimáveis", os "amigos", os "nossos", de todos os restantes. Em segundo lugar, porque a civilização condiciona, mas não anula, a carga libidinal do homem, em que o amor coexiste com o desejo de morte já evidenciado no assassinato do pai. O homem, como diz Freud, "[...] não é este ser bonacheirão, de coração sedento de amor, de quem se diz que se defende quando o atacam; pelo contrário, é um ser em cujas características instintivas se tem de incluir uma boa dose de agressividade [...]. Com efeito, o homem é tentado a satisfazer a sua necessidade de agressão à custa do próximo, a explorar o seu trabalho sem contemplações, a utilizá-lo sexualmente sem o seu consentimento, a apropriar-se dos seus bens, a humilhá-lo, a infringir-lhe sofrimentos, a martirizá-lo e a matá-lo" (1971, pp. 64-5). Em conformidade com esse pressuposto, o autor critica as doutrinas que se propõem ultrapassar a agressividade natural do homem, designadamente o cristianismo e o comunismo, recorrendo para tanto a uma outra pressuposição, a de que "é sempre possível unir pelos laços do amor uma massa cada vez maior de homens, na condição de ficarem alguns de fora para receber os golpes" (*ibid.*, p. 68). O mandamento que impõe o amor pelos inimigos levar-nos-ia, assim, a um autêntico absurdo e foi por isso que, "no momento em que o apóstolo Paulo fez do amor universal entre os homens o fundamento da sua comunidade cristã, teve como inevitável consequência a mais extrema intolerância da parte do cristianismo em relação aos não-convertidos" (*ibid.*, p. 68). Da mesma forma, "a tentativa de instauração na Rússia de uma civilização comunista e nova encontra o seu ponto de apoio psicológico na perseguição dos burgueses. Simplesmente" – acrescenta Freud – "a gente pergunta-se ansiosamente o que farão os sovietes quando tiverem exterminado todos os seus burgueses" (*ibid.*, p. 69).

Em qualquer dessas tentativas para limitar a agressividade inata, seja a ética cristã, que de alguma forma remete para o além as compensações prometidas em troca da prática da tolerância, seja a ética socialista, que busca "uma mudança real na atitude dos homens a respeito da propriedade", o que Freud deplora é "o desconhecimento idealista da natureza humana" (*ibid.*, p. 105). Porque a principal medida de defesa contra a agressividade que o superego coletivo (*Kultur-Uberich*) decretou – ama o teu próximo como a ti mesmo – é inaplicável e deixa quem se lhe submete em desvantagem perante aquele que se coloca acima de tal mandamento. O futuro da civilização, nessa medida, apresenta-se bastante incerto: "os homens de hoje levaram tão longe o domínio das forças da natureza que se lhes tornou fácil, com a ajuda delas, exterminarem-se todos uns aos outros [...]. Resta agora esperar que a outra das duas potências celestes, o Eros eterno, tente um esforço a fim de se afirmar na luta que trava contra o seu adversário, não menos imortal" (*ibid.*, p. 107).

5
O culto da diferença

Freud, apesar do manifesto pessimismo, permanece um iluminista, um *Aufklärer*, como lhe chamava Horkheimer. Para ele, a liberdade não é um simples produto cultural, visto que a civilização, se lhe restringe o âmbito, garante-lhe ao mesmo tempo um acréscimo de segurança. Além disso, a psicanálise poder-se-á sempre traduzir num trabalho de desvendamento da natureza, na ausência do qual as proclamações de tolerância feitas pela razão não passam de ilusórias palavras. De acordo com a conhecida interpretação de Erich Fromm, toda a obra do fundador da psicanálise poderia ler-se como subordinada ao lema "Só a verdade vos tornará livres". Só uma razão que se conheça, evidenciando a intolerância que lhe subjaz, pode encetar livremente a via da tolerância e inibir a vontade de eliminar o outro.

Em que consiste, porém, essa liberdade pura, como indagava já o romantismo, do ser soberano de si próprio? Em que poderá traduzir-se essa marca de identidade, simultaneamente individual e universal, condição para que seja possível o reconhecimento do *outro* como ser, embora ser diferente? Na realidade, o ser humano individual aparece-nos sempre determinado por algum *éthos*, "escravo" de preconceitos ou ideologias, originário de uma tradição e pertencendo a um grupo étnico, religioso, cultural ou econômico. Sob esse aspecto, toda a modernidade vai ser atravessada por um dilema que o pensamento posterior a Kant deixa permanentemente transparecer. Porque a natureza humana efetiva "dá-se" na particularidade das suas múltiplas determinações e representa-se no direito positivo ou no costume; contudo, a natureza humana, tal como é concebida pelas Luzes, faz tábua rasa dessas determinações, de modo a ser pensável um direito universal que legitime e promova a transformação da realidade dos indivíduos e dos povos, ou seja, a negação das determinações históricas com vista à realização da verdadeira humanidade. Hegel, nos *Princípios da filosofia do direito*, § 259, escreve a esse propósito, evocando a Revolução Francesa: "Chegadas ao poder, estas abstrações contribuíram para o mais formidável espetáculo que alguma vez conhecemos desde que o homem existe: a constituição de um grande Estado empreendida, desde a base, pelo pensamento e acompanhada do desmoronar de todo o existente e de todo o dado [...]. No entanto, e porque são unilaterais, as mesmas abstrações fizeram dessa tentativa o mais brutal e terrível dos eventos." Já antes, e de forma absolutamente linear, Joseph de Maistre se insurgira contra este caráter "revolucionário" do programa das Luzes: "A Constituição de 1795, exatamente como as precedentes, é feita para o homem. Ora, não há *homem* no mundo. Vi, na minha vida, franceses, italianos, russos, etc.; até sei, graças a Montesquieu, que se pode ser persa; mas quanto ao homem, declaro nunca na minha vida o ter encontrado; se existe, desconheço-o completamente" (1797, cit. in Luc Ferry e Alain Renaut, trad. port., p. 109).

A oposição ao humanismo universalista não poderia ser mais declarada. Um século antes, Espinosa acreditava ainda que "a natureza não cria nações, cria indivíduos" (*T.T.-P.*, cap. XVII, trad. bras., p. 273). Aqui, porém, o indivíduo é relegado a segundo plano, atribuindo-se aos povos o estatuto de verdadeiros sujeitos da história, com personalidade própria e caráter autenticamente ontológico, na medida em que neles se pretendem esgotar o ser e o sentido. O universalismo das Luzes via na história o processo de aperfeiçoamento do indivíduo em ordem a uma cada vez maior aproximação da plena racionalidade, mediante a emancipação relativamente a toda espécie de dominações. Cada passo nessa caminhada vinha, por assim dizer, justificar os passos que tinham sido anteriormente dados, uma vez que o fim último já estava presente, não como fato, porém como valor universal e eterno. No pensamento diferencialista, pelo contrário, a história é representada como memória e não como progresso, de maneira que cada instante possui a sua justificação nos instantes que o precederam. À humanidade, pensada como destino e espelhada num conjunto de valores comuns a todos os homens, contrapõe-se aqui a irredutibilidade das diversas heranças, genéticas e culturais, resultado de uma série de ocorrências particulares, reais ou míticas, que um grupo mais ou menos vasto compartilha. E enquanto o primeiro desses programas tendia a considerar a tolerância "apanágio da humanidade" e alvo para o qual deveriam apontar as leis, o segundo, ao subordinar a liberdade e a identidade individuais à identidade e autonomia da comunidade nacional, considerando os povos dotados de autêntica personalidade, arriscar-se-á, com frequência, à suspeição de intolerância relativamente ao que é "estrangeiro", quer este se encontre no exterior, quer esteja no interior, sujeito a ser olhado como vírus estranho que se infiltrou no corpo da nação.

Tal contraste, que nada tem de aparente e que, muito ao contrário, se revelará um operador de clivagens inultrapassáveis, remete, no entanto, para a unicidade de um mesmo radical, a saber, a reivindicação do reconhecimento. O século XVIII formula essa reivindicação como direito à igualdade: todo indivíduo tem um nome próprio, uma personalidade irredutível pela qual se define, contrariamente ao que pressupunha a ordem feudal, em que ele aparecia, quando muito, com um "sobrenome": a indicação da casa senhorial a que pertencia ou de que era servo. A abolição do *Ancien Régime* na França pretendeu ser a abolição da desigualdade e provocar o consequente aparecimento de cada indivíduo à superfície do corpo político, em que lhe são reconhecidos direitos idênticos aos de todos os outros. Simplesmente, a inscrição de cada um no registro da universalidade exige, a par da renúncia ao privilégio, a renúncia à diferença, isto é, que em cada um se reconheçam apenas os sinais de universalidade, a natureza dotada de razão. O indivíduo entra, assim, na esfera do reconhecimento público pela via do despojamento de tudo quanto nele é indiscernível. O homem autêntico, o homem digno de reconhecimento, respeito e tolerância, não é um homem "autêntico", nem pode sequer ser visto, para regozijo de J. de Maistre. Mas isso não acontece por ele ser inviável ou inexistente, como este pensa: é, sim, porque a lei que consagra a sua existência é intrinsecamente cega à particularidade, única forma de garantir a todos a igualdade de tratamento. O Estado tolerante, na formulação inaugural que irá transitar para o mais recente entendimento do Estado de direito, é aquele que não cuida de saber qual a crença, a etnia, o sexo, a classe ou a família de alguém, retendo apenas dessa rasura das diferenças individuais a identidade de um homem. John Rawls não anda longe dessa mesma intuição metafórica quando alude ao "véu de ignorância" que deverá presidir à escolha dos princípios da justiça.

O reconhecimento da igualdade, garantindo embora os direitos individuais, tem inerente a ignorância da diferença de cada indivíduo e, por maioria de razão, de cada grupo. É talvez para compensar essa ignorância que nasce a reivindicação romântica de um outro valor, a *autenticidade*, do qual Herder se tornará o principal arauto e cujo eco chegará até nós sob formas tão diversas como a originalidade em arte, a invenção em ciência, a identidade nacional ou o simples narcisismo individual, todas elas manifestação de singularidades irredutíveis. Já em Herder, o conceito revela uma abrangência semântica porventura difícil de compreender, porquanto flui com absoluta naturalidade do autêntico individual para o autêntico nacional, exaltando em simultâneo o único singular e o único partilhado, o indiscernível de cada existência a captar pelo poeta e a espessura do *Volksgeist* em que a sua palavra ganha real sentido. "Sê tu mesmo" – o aforismo de Fichte – permanece um mandamento, tanto para o individual como para o coletivo. É, porém, o mesmo Fichte quem reconhece que o Eu, no plano empírico, para ser algo terá de postular o não-eu, uma vez que a formulação do "eu sou" arrasta implicitamente o ser isso ou aquilo: filho de, natural de, etc. Assim sendo, e dado que o destino do Eu é ser igual a si próprio, a sua natureza consistirá numa dinâmica de assimilação do não-eu, de modo a que a realidade deste coincida com a sua, dinâmica essa que, no plano histórico, traduz a cultura como incorporação do natural pelo humano, mas que, no plano sociopolítico, se poderá ler como protótipo das estruturas de supressão da alteridade, seja através da aniquilação física do *outro* – o massacre, o genocídio –, seja através da eliminação daquilo que o faz ser outro, isto é, daquilo que nele faz a diferença – a colonização, a conversão, a homogeneização religiosa, intelectual ou moral. A verificação de Fichte de que "o destino do homem é trágico" poderia, certamente, transpor-se para muito além da circunscrição metafísica a que ele a restringe.

É, no entanto, possível ver também na bipolaridade do eu e do não-eu um esboço da matriz dialógica que permite encarar a identidade do sujeito como algo intimamente relacional e, nessa medida, protagonizando comportamentos de verdadeira tolerância. Rousseau, por exemplo, refere-se ao "instinto de piedade" ou compaixão como algo que, por um lado, aproxima o homem de todos os outros seres sensíveis e, por outro lado, tempera os excessos a que o levaria o amor-próprio. Herder, por seu turno, recorre à expressão *Einfühlung* para traduzir a intuição ajustada à compreensão do *outro*, que é como se fosse uma "capacidade de ver com os olhos de alguém" e que, de alguma forma, ensaia a passagem e a mediação, à primeira vista impossíveis, entre a autenticidade individual e a autenticidade comunitária. Mas quase todos esses esforços se destinam apenas a rebater a tese da intolerância natural do "homem lobo do homem", não a estabelecer as bases de uma coexistência entre indivíduos ou comunidades com histórias, culturas, religiões e raças distintas. Pode-se mesmo afirmar que, a partir de inícios do século XIX, uma parte não menosprezável do pensamento político europeu vai precisamente no sentido inverso, ao preconizar a necessidade de fazer coincidir, territorial e politicamente, comunidades culturais e Estados independentes. Na prática, o que se verifica são como que duas forças que se originam num mesmo ponto – a afirmação da diferença –, mas que se vão exercer em sentidos progressivamente afastados: por um lado, os grupos que possuem uma base qualquer de diferenciação reclamam a respectiva autodeterminação e lutam por ela; por outro, os Estados já constituídos e albergando grupos culturalmente diferenciados sentirão, por sua vez, a necessidade de homogeneizar, por razões econômicas e por razões político-militares, o espaço entre as suas fronteiras. É um "jogo de soma zeros" em que os ganhos nunca estarão consolidados o bastante para evitar o frequente reacender da guerra e da redefinição territorial: a autenticidade (cultural) exige a diferença (política), mas a diferença de um Estado perante outro exige a rasura das diferenças em todo o seu espaço. Com uma exceção que tende, a partir de certa altura, a vigorar, ao menos no espaço da civilização ocidental: mediante a laicização dos Estados, as diferenças de religião e pensamento vão sendo progressivamente toleradas, ao mesmo tempo que se promove a uniformização intensiva da lei sob todas as outras das suas vertentes: o direito, os costumes, a língua, a história e a cultura em geral. Quando, por exemplo, Stuart Mill escreve *On Liberty*, o seu alvo principal, significativamente, já não é a intolerância do poder religioso ou político, mas sim a intolerância da opinião pública.

O diferencialismo não é, todavia, uma consequência da pulsão nacionalista. Pelo contrário, é o seu esteio mais sólido. Sem as reservas ao universalismo e a reivindicação do direito dos povos a perseverar na sua diferença, ou seja, na sua tradição, que foram as bases de um pensamento romântico que se queria revolucionário, "o princípio político que afirma que a unidade política e a unidade nacional devem ser congruentes", de acordo com a definição que Gellner (1983, p. 9) apresenta do nacionalismo, não teria encontrado o cimento ideológico para se implantar e disseminar por toda uma Europa ainda mal refeita do Terror. Mesmo que alguns Estados-nações possam ter resultado de um voluntarismo que esmaga as diferenças regionais e instaura uma legislação comum e uma cultura homogênea, revelando-se assim o exato contrário do que exigiria o princípio da diferença, este permanece o fio condutor da operação, transferindo-se apenas do registro local para o registro nacional. É sempre em nome de uma exigência de reconhecimento que se proclama a identidade, individual ou coletiva, estando, portanto, desde logo excluída qualquer identidade universal e cosmopolita. O problema é saber até que ponto o etnocentrismo implícito em qualquer reivindicação do reconhecimento de uma cultura, de acordo com a lógica da diferença, poderá conter-se nos limites da simples preferência pelo que se considera comunitário, sem chegar a traduzir-se em sentimentos xenófobos e práticas de exclusão.

O etnocentrismo, repare-se, surgiu primeiro associado à dominação colonial do planeta pelo Ocidente, fosse em termos políticos, econômicos ou meramente culturais. Sua denúncia trazia implícita uma crítica da razão universalista, visando reconduzi-la às dimensões de uma razão entre outras mediante a localização das respectivas raízes e/ou motivações: *razão ocidental*. Porém, o mesmo gesto que aponta o estatuto "local" dessa cultura que se pretendia universal age também retrospectivamente e banaliza o etnocentrismo, reduzindo-o a uma tendência natural de qualquer grupo para se considerar superior aos outros e resistir à adoção de valores "estrangeiros". Claude Lévi-Strauss e, com ele, boa parte da antropologia e etnologia dominantes a partir de meados do século XX irão consagrar a tese da naturalidade da autopreferência de cada cultura e, de passagem, legitimar uma espécie de etnocentrismo universal. Lévi-Strauss fala mesmo de "incomunicabilidade relativa", "surdez", "impermeabilidade" e "intolerância" entre as culturas (1983, pp. 43, 47), atitudes que, em seu entender, não se devem confundir com o racismo: "Chega-se a confundir o racismo, definido em sentido estrito, com atitudes normais, legítimas mesmo e, em todo o caso, inevitáveis. O racismo é uma doutrina que pretende ver nos caracteres intelectuais e morais atribuídos a um conjunto de indivíduos, seja como for que o definemos, o efeito necessário de determinado patrimônio genético. Não podemos colocar sob a mesma rubrica, ou imputar automaticamente ao mesmo preconceito, a atitude de indivíduos ou de grupos cuja fidelidade a certos valores os torna parcial ou totalmente insensíveis a outros valores [...]. Ela pode até representar o preço a pagar para que os sistemas de valores de cada família espiritual ou de cada comunidade se conservem e encontrem no seu próprio interior os recursos necessários à sua renovação" (*ibid.*, p. 15). Em suma, as particularidades seriam não apenas inevitáveis e necessárias, mas também defensáveis, senão mesmo intocáveis. Com a transferência da identidade dos indivíduos para os povos ou simples grupos sociais, transferem-se igualmente os direitos: direito à autonomia e à preservação da sua "pessoa", isto é, dos seus costumes e cultura em geral, direito à igualdade e a um estatuto equivalente ao dos outros. Desse modo, aquilo que à luz do racionalismo se apresentava como superstição, ignorância, atrasos a combater ou de que havia que recuperar na rota do aperfeiçoamento da humanidade, surge aqui como autêntica manifestação do ser dos povos e testemunho da sua identidade, pelo que deverá ser preservado e ter direito ao reconhecimento por parte dos grupos restantes.

Tal pressuposto é recente. Até às primeiras formulações explícitas do racismo, praticamente todos os pareceres a esse respeito oscilavam entre uma teoria da desigualdade, que hierarquizava, em função da natureza ou da condição, vários tipos de homens, ou várias subespécies no interior da espécie humana, e uma teoria da igualdade, filosófica e/ou teologicamente fundada, que tomava as diferenças de cultura como acidentais e condenadas a prazo. Um exemplo dessa mesma oscilação é a controvérsia que opõe, em Valladolid, no ano de 1550, o bispo Las Casas e o filósofo Gines de Sepúlveda, discutindo sobre a natureza dos índios das Américas perante juízes que hão de sucumbir de cansaço ao cabo de vários dias de debate e deixar a questão por decidir.

De um lado, Sepúlveda argumenta em favor da desigualdade, não uma desigualdade genética, mas, em todo o caso, uma desigualdade estribada na comparação dos valores que norteiam as sociedades "superiores" com os das sociedades "inferiores". Os índios andam nus, praticam o canibalismo, desconhecem a religião cristã, oferecem aos deuses sacrifícios de vidas humanas, são "naturalmente submissos", todos sintomas de uma inferioridade já diagnosticada nos escravos por Aristóteles, autor que Sepúlveda, como tantos outros, cita com um grau de certeza porventura superior àquele que uma leitura atenta do *De anima* permitiria sobre essa matéria. Por outras palavras, há toda a legitimidade para impor, se necessário pela força, o domínio do bem sobre o mal, da virtude sobre o vício. Conforme escreve um outro defensor da desigualdade, Oviedo y Valdez, por sinal bem menos sofisticado que Sepúlveda, "quem poderá negar que utilizar pólvora contra os pagãos é oferecer incenso a Nosso Senhor?" (cit. in T. Todorov, 1990, trad. port., p. 185).

Do lado oposto está Bartolomeu de Las Casas, que sustenta a igualdade, quer religiosa, quer biológica. A sua argumentação assenta ora na tese da liberdade natural de todos os indivíduos, ora na paternidade divina comum a todos os homens, ora na vocação universal da Igreja extensível a todas as nações. Mais ainda, Las Casas, horrorizado com os crimes da conquista e colonização que teve oportunidade de presenciar e denunciar, designadamente na *Brevísima relación de la destrucción de las Indias* (1552), transpõe o seu ideal de cristão para a descrição que faz dos índios, ao mesmo tempo que demoniza os espanhóis, legando assim um dos mais notáveis contributos para o aparecimento posterior do mito do "bom selvagem". Os índios são por ele vistos como "gentes paupérrimas", que não possuem "nem querem possuir bens temporais", pessoas "sem maldade nem duplicidade", que têm "limpos e desocupados e vivos entendimentos, capacíssimos e dóceis para toda a doutrina". Em resumo, são "ovelhas mansas em que entraram os espanhóis, logo que as conheceram, como lobos e tigres e leões cruéis, com fome de há muitos dias" (ed. 1985, p. 38). É certo que, como Sepúlveda não se cansa de frisar, eles fazem, entre outras coisas aparentemente inconcebíveis, sacrifícios humanos. Mas nem perante isso Las Casas se detém. No livro intitulado *Apología*, irá até inverter o argumento e invocá-lo em abono da profunda religiosidade dos índios. Primeiro, recorda os sacrifícios semelhantes que constam do Antigo Testamento; a seguir, desenvolve este argumento singular: todo homem reconhece Deus; os homens adoram-no, cada um à sua maneira, o melhor que podem; a melhor maneira de o adorar consiste em oferecer-lhe o que mais se preza, isto é, a vida humana; por conseguinte, "a natureza ensina, ela mesma, aqueles que não têm a fé, nem a graça, nem a doutrina [...], a despeito de toda a lei positiva que diga o contrário, que se devem sacrificar vidas humanas ao verdadeiro Deus, ou *ao falso Deus que eles considerem verdadeiro*, de sorte que, oferecendo-lhe uma coisa supremamente preciosa, possam exprimir a sua gratidão pelos múltiplos favores recebidos" (cit. in Todorov, 1990, p. 231; itálico nosso).

O igualitarismo de Las Casas, repare-se, embora inexcedível no combate à intolerância dos colonos, pode, ainda assim, considerar-se paradigmático de uma relação com o outro pautada pelo apagamento da sua diferença. Os índios, na sua perspectiva, não são apenas cristianizáveis, são já, de alguma forma, cristãos, se não mesmo os verdadeiros cristãos. É, de resto, em virtude desse seu natural cristão que eles podem vir a ser cristianizados, porquanto o cristianismo é essencialmente a religião prometida a toda a humanidade. Sob esse aspecto, o dominicano espanhol antecipa em tudo a argumentação dos iluministas dos séculos XVII e XVIII, ainda que deixe a teologia cristã no exato lugar em que estes irão pôr a "razão sem preconceito". Num como noutro caso, as diferenças são tidas como superficiais, meros acidentes impostos pela história à natureza e, por conseguinte, neutralizáveis por ação dos pregadores ou dos *philosophes*. Xenófilos por convicção, apóstolos da igualdade dos indivíduos em nome da religião ou da razão universal, a sua prática missionária ou simplesmente discursiva é de molde a que, à luz de um diferencialismo estrito, eles possam ser vistos como xenófobos que recusam as diferenças de cultura para não verem senão a identidade do homem, que negam os vários outros para não reterem senão a unidade de um "Nós". Nós, os cristãos, ou nós, os que rejeitamos as superstições.

Já o diferencialismo sustentado por Sepúlveda na controvérsia de Valladolid tem mais que ver com algo que começa então a assomar na Europa, embora só mais tarde se assuma como racismo, do que propriamente com o culto das "diferenças naturais" sustentado por alguns etnólogos a partir de meados do século XX. Na realidade, Sepúlveda repete uma argumentação comum a autores como Suárez ou Grócio, quando defendem a legitimidade da guerra justa e o direito do respectivo vencedor sobre o vencido. Em termos teóricos, talvez não lhe fosse possível ir muito mais longe. Na retaguarda, porém, da controvérsia que trava com Las Casas, é impossível não vislumbrar as marcas de um diferencialismo xenófobo que vai evoluir de motivações religiosas para motivações raciais. Por muito que alguma historiografia tenha pretendido apresentar o racismo como uma criação de duvidosos autores – religiosos ou "cientistas" – só dos finais do século XVIII, nos Estados Unidos, ou já do século XIX, na Europa, há boas razões para pensar que ele é um pouco mais antigo. Como observa J. H. Jerushalmi (1993, pp. 16-21), a exigência de uma *limpieza de sangre de tiempo immemorial*, iniciada na Espanha de meados do século XV, para além de significar a perpetuação de uma diferença, representa a sua extensão do registro religioso ao registro étnico, num momento em que, por efeito da conversão forçada, a exclusão de judeus e mouros se arriscava a perder sentido jurídico.

Até aí, havia antissemitismo, a diferença era reconhecida e assinalada, podendo dar lugar tanto a contatos pacíficos como a massacres mais ou menos espontâneos, perpetrados pelas populações cristãs que encontravam nas judiarias ou mourarias um bode expiatório fácil à mínima contrariedade. Mas a prova de que essa diferença se confinava ao religioso foi dada a cada vez que se ordenaram conversões sob pena de expulsão ou qualquer outra represália, evidenciando desse modo o caráter de filhos de Deus atribuído, apesar de tudo, a quantos se encontravam dentro ou fora da verdade cristã. Batizados, ainda que à força, os judeus que se resignaram a ficar na península foram, em muitos casos, totalmente assimilados e começaram a singrar na sociedade. Infelizmente para eles, esse mesmo fato será um dos motivos que vão ditar a procura de uma nova forma de legitimar a exclusão, a qual surgirá mediante a teoria da transmissão genética da culpa: "quem poderá negar" – escreve Frei Prudêncio de Sandoval – "que entre os descendentes dos judeus persiste e se perpetua a má inclinação da sua antiga ingratidão e cegueira, como nos negros se perpetua a qualidade inseparável da sua negrura? Com efeito, ainda que estes se unissem um milhar de vezes com mulheres brancas, os filhos nasceriam sempre com pele escura. Do mesmo modo, a um judeu não chega ter três quartos de aristocrata ou cristão-velho, porque basta um só ramo para o manchar e corromper" (*Historia de la vida y hechos del emperador Carlos V*, cit. in Jerushalmi, *ibid*., pp. 21-2). Paradoxalmente, a intolerância dos reis católicos, ao expulsar dos reinos todos os judeus e mouros que não aceitassem o batismo, abolindo assim as diferenças e homogeneizando o espaço religioso, não desativa a intolerância que continua difusa na sociedade e que foi até aí orientada para inimigos claramente identificados e isolados. Pelo contrário, vai exacerbá-la, obrigá-la a voltar-se para o interior do próprio corpo social em busca de inimigos que, a partir do momento em que o batismo lhes oculta a verdadeira condição e os dissemina entre os autênticos cristãos, têm de ser detectados como um vírus que ameaça de gangrena todas as instituições: não é a Coroa que impõe a "limpeza de sangue", são as várias municipalidades e bispados, universidades e corporações que, pouco a pouco, como por contágio, acabarão por vencer a resistência inicial dos reis e do próprio papa. E, se é verdade que não propugnam uma "solução final", como aconteceria, mais tarde, na Alemanha do III Reich, não é menos verdade que, por meio da discriminação de qualquer indivíduo por ser judeu, independentemente de praticar ou não às escondidas a religião, inauguram o racismo e abrem o triste capítulo das "limpezas étnicas" que se prolonga em nossos dias[2].

---

[2] A verdadeira dimensão desse fenômeno é, ainda hoje, discutida entre os historiadores. José Antônio Maravall, por exemplo, parece reduzir a exigência de "limpeza" a "um eficacíssimo recurso para excluir um bom número de pessoas de uma ascensão que aqueles que estavam no escalão superior detestavam" (1984, p. 97). O autor acrescenta ainda que o fato de não possuir nenhuma parcela de sangue judeu ou árabe não constituía, sem mais, um motivo de ascensão, da mesma forma que possuí-la não impediu as famílias ricas de contornar, à custa de subornos, o rigor dos estatutos. A verdade é que estes, qualquer que tenha sido o grau de flexibilidade da sua aplicação e os motivos que os ditaram, existiram mesmo. Negociável ou não, a hereditariedade judaica ou mourisca era motivo de exclusão e por tempo indeterminado.

O sistema medieval (cf. J. Katz, 1981) de identificação da diferença com vista ao respectivo isolamento no gueto, implicando embora o risco de *progrom*, não excluía no entanto o contato, tão regular quanto regulado, com a comunidade dominante. É, de resto, o que se verificará nos Estados Unidos da América em relação aos negros, com o recurso ao segregacionismo a partir da abolição da escravatura, ou na República Sul-Africana, com o regime do *apartheid*. "Iguais mas separados" seria o mote adequado para tal situação: igualdade mínima, sublinhe-se, porquanto o doseamento dos direitos individuais persiste em função das diferenças agora consideradas superficiais mas nem por isso inócuas; separação máxima, visto que a comunidade que reconhece, por força dos direitos universais afirmados na cena internacional, um resíduo de igualdade entre os indivíduos que habitam de um lado e de outro do gueto, nem por isso se rende à indiferenciação e continua a pensar-se como comunidade distinta e superior. Ao segregado tolera-se que saia do gueto, mas só para ir trabalhar, ou comerciar, servir os não segregados. O gueto, aliás, mais do que uma reserva territorial, é uma condição jurídico-social, na medida em que se apresenta como um articulado de normas destinadas a limitar os movimentos e a restringir os contatos ao mínimo possível. Porém, o sistema de "limpeza de sangue", com ou sem massacre, não contempla sequer essa hipótese de tolerância resignada para com um residual de igualdade. Tolerar aquele que se diz transportar o crime nas veias e cuja existência significa já de si uma ameaça para os valores da comunidade é atentar contra esta. O verdadeiro membro de uma comunidade que se autojustifica por ser etnicamente homogeneizada será aquele que denuncia aos tribunais o diferente. A única atitude que o relaciona com o *outro* é a perseguição que deve mover-lhe. A perseguição ou a cumplicidade. Que ela chegue ou não ao extermínio, depende só das circunstâncias. Quando a obsessão da pureza atinge certo limite, seja a pureza do sangue ou a da doutrina, seja na Espanha do Seiscentos ou na Alemanha, na URSS e na China do século XX, há fortes probabilidades de "a campanha contra os inimigos do povo se ver colocada sob o signo da profilaxia social:

a integridade do corpo depende da eliminação dos seus *parasitas*" (Lefort, 1981, p. 105).

Num outro registro, o culto da diferença sustentado por alguns etnólogos, em sinal de recusa do universalismo que consideram etnocida, dá por demonstrada a igualdade de todos os indivíduos, mas reivindica também a igualdade de todas as comunidades culturais. É um desafio ideológico totalmente novo e só aparentemente simples. Na verdade, conforme comenta P.-A. Taguieff, "o pressuposto de base deste diferencialismo é que todas as culturas possuem igual valor: tal petição de princípio, que é um abuso axiológico (de fato, não existe valor senão pela diferença de valor, a qual se exprime como hierarquia entre valores), representa o papel de um verdadeiro dogma" (1987, p. 43). Isso leva a que seja impossível defender a igualdade de culturas sem cair na contradição de a reconhecer como um princípio superior ao da desigualdade de culturas: a cultura que reclama a igualdade é preferível à que defende a desigualdade. Por outro lado, a defesa da igualdade de culturas é, em si mesma, um valor que informa dada cultura, em dado momento, estando, por conseguinte, à luz da concepção relativista, impedida de se tomar como enunciado transcultural, ou seja, de se tomar por aquilo que ela deveria ser para possuir, de fato, algum sentido.

O problema aqui subjacente é, no entanto, de natureza substancialmente distinta e resulta, conforme observa ainda Taguieff (*ibid.*, p. 45), da já aludida aplicação dos direitos individuais por analogia aos grupos sociais, quer se trate de povos, raças, etnias ou culturas. Com efeito, a igualdade entre indivíduos não está inscrita na ordem do ser, mas sim na ordem do dever ser. Na ordem do ser existe a diferença. Enquanto a igualdade é puramente ideal e formal, a diferença é "material". Ao afirmar a igualdade entre indivíduos, estamos sobrepondo o direito à história e aos fatos e ignorando ou desprezando as diferenças que estes evidenciam: é exatamente nesse plano que se ergue o individualismo democrático e liberal. Em contrapartida, o reconhecimento de uma igualdade das culturas tem implícito o reconhecimento prévio dos condicionalismos históricos pelos quais elas se definem e aos quais se subordina o indivíduo. Reside aqui a principal razão por que o igualitarismo diferencialista pôde ser, paradoxalmente, reivindicado como matriz do antirracismo e do racismo, da tolerância e da intolerância. Na sua formulação originária, a do estruturalismo, ele apresenta-se como catapulta contra os racismos de caráter biológico e, sobretudo, contra uma alegada "tirania do *lógos*", que desqualifica ou assimila qualquer outra cultura no interior daquela em que a "razão ocidental" se erigiu em tribunal da história e do mundo. Dir-se-ia, pois, que o diferencialismo não fundamentava senão a convivência e a tolerância entre povos e culturas. É, no entanto, a esse mesmo direito de sobrevivência das culturas – todas diferentes, todas iguais – que alguns vão hoje buscar argumentos para exigir a separação étnica, ou seja, o retorno à homogeneização cultural dos espaços geográficos mediante a extinção do fenômeno migratório. Por isso, a pedra de toque para aferir a natureza dos diferencialismos só se poderá encontrar na aceitação ou recusa da mestiçagem: a versão intolerante, em nome da preservação da identidade das culturas, radicaliza a lógica diferencialista e propõe que cada uma delas retorne à mítica pureza inicial e se feche a todo aquele que lhe é estranho; a versão tolerante, pelo contrário, pretende conciliar a defesa da diferença e a defesa da indiferença, o direito de cada comunidade a ver reconhecidos e salvaguardados os seus valores e a obrigação que a todas assistiria de mutuamente se exporem, isto é, de entre si trocarem "palavras, mulheres e riquezas", como diriam os etnólogos.

A situação dos países para onde se verificaram, entre a Segunda Guerra Mundial e o final da década iniciada em 1970, migrações de maior intensidade constitui, a esse respeito, um requisitório exemplar de experiências, avanços e recuos, contradições. Basta olhar para dois dos países da Europa que mais mão de obra importaram durante o citado período – a França e a Grã-Bretanha. Na França, o problema não se pôs a princípio, visto tratar-se, por um lado, de imigração transitória, contratada a prazo para suprir a escassez de mão de obra local, e visto, por outro lado, serem trabalhadores oriundos principalmente de Itália, Espanha e Portugal, sem dificuldades, portanto, de integração para além das que resultavam da diferença de línguas. Já na Grã-Bretanha, a questão assume, logo de início, contornos políticos de algum melindre, porquanto são sobretudo cidadãos do antigo império britânico os trabalhadores que, ao abrigo da livre entrada concedida aos naturais da Commonwealth, procuram asilo em Londres e em outras das principais cidades inglesas. Conforme nota Didier Lapeyronnie (1991, pp. 10-45), contrariando uma tese bastante comum, deve-se mais a essa diferença de origens do que aos antecedentes coloniais a diferente política migratória praticada na França e na Grã-Bretanha, logo a seguir à Segunda Guerra, com o conhecido predomínio de uma tendência assimiladora, no primeiro caso, e de uma tendência multiculturalista, no segundo caso.

Na realidade, enquanto a França pôde lidar, durante alguns anos, com um problema circunscrito aos aspectos econômico e social, não requerendo uma política de imigração a não ser para controlar entradas, documentação laboral e alojamento temporário, a Grã-Bretanha vê-se, de imediato, confrontada com um problema de integração, a cada leva de "retornados" que aportam no país, e com um problema de identificação, porquanto vai ser posto em causa o estatuto de cidadão britânico tal como ele fora até aí atribuído. Logo em 1949, um relatório da Royal Comission on Population dava conta das perplexidades suscitadas pelo fenômeno: "a imigração em grande escala, numa sociedade tão institucionalizada como a nossa, só poderá ser bem-vinda se os imigrantes forem de boa origem e não estiverem impedidos pela sua religião ou raça de se casar com a população que os acolhe e de com ela se fundir" (cit. in Lapeyronnie, *ibid.*, pp. 18-9). Ou seja, é necessário que a imigração, para ser tolerada, seja suscetível de absorção pelo corpo social e cultural dominante e esteja apta a nele desaparecer (*becoming merged in it*). Mas não foi necessário muito tempo para que tal perspectiva se revelasse utópica perante as manifestas resistências da população tradicional inglesa, que se vão conjugar com a rápida estabilização das comunidades imigrantes para exigir soluções de natureza multiculturalista. Na verdade, com a entrada das mulheres, o aparecimento de uma segunda geração já nascida ou crescida na Grã-Bretanha e, finalmente, a doutrinação de "profissionais" chegados com o propósito de enquadrar cultural e religiosamente cada comunidade, estavam criadas as condições para um desafio com que o país jamais se defrontara.

No decorrer de toda a década de 1960 e parte da década de 1970, será em vão que as autoridades ensaiam políticas integracionistas, procurando, por um lado, conter o racismo e, por outro, evitar os guetos comunitários que inelutavelmente se vão formando. Uma dessas políticas, por exemplo, traduzia-se na proibição de, em qualquer escola, serem filhos de imigrantes mais de um terço dos alunos. Mas nem por isso a delinquência se reduziu entre essas comunidades, muitas vezes intolerantes entre si e todas elas potenciais vítimas de exclusão e de intolerância por parte da comunidade dominante. A dispersão, em vez de permitir que os imigrantes se integrassem, avolumou ainda mais o sentimento de segregação, em particular naqueles que pretenderiam rejeitar a herança paterna mas viram logrado, não pela lei, mas pela experiência cotidiana, o desejo de "ser como os outros". Daí a mudança de estratégia que, já em 1966, Roy Jenkins propugnava e que viria a consagrar o diferencialismo de base etnocultural: "Integração é talvez uma palavra imprecisa. Eu, pelo menos, não entendo que ela queira dizer o abandono pelos imigrantes das suas características próprias e da sua cultura. Não penso que tenhamos necessidade neste país de um *melting pot* em que todos acabariam por se fundir num modelo único, uma espécie de reprodução em série do estereótipo do inglês, que seria deslocada. Prefiro antes definir a integração não como um processo de assimilação e de nivelamento, mas como uma igualdade de oportunidades, acompanhada de diversidade cultural numa atmosfera de mútua tolerância" (cit. in J. Solomos, 1991, p. 651).

A França, como dissemos, pôde circunscrever durante anos a imigração num plano quase exclusivamente econômico e sem maiores interferências no corpo nacional. Mais tarde, quando confrontada com a progressiva fixação de famílias, o peso da ideologia republicana, individualista e universalista, terá sido decisivo na feição e na tendência integradora que apresentaram as primeiras soluções encontradas. É, no entanto, sobre essa mesma tendência que vão incidir as já citadas críticas contra o designado eurocentrismo, que põem em causa as políticas de assimilação e sustentam abertamente o culto da diferença, mediante uma interpretação do laicismo republicano que retira ao espaço público o caráter de neutralidade ativa para passar a encará-lo como indiscriminada abertura à manifestação de todos os credos e tradições. A partir de certa altura, e um pouco paradoxalmente, a tolerância e o antirracismo serão invocados contra os princípios que os haviam de início alicerçado: a universalidade dos valores republicanos, associada agora a mero reflexo ou instrumento de uma vontade de poder imperial e dando lugar a ceticismos de natureza relativista ou pragmática; a autodeterminação do sujeito, que se reconduziu a simples função produzida por condicionalismos históricos e circunscrita aos limites de uma "episteme". Não é apenas uma onda intelectual, é todo um clima de ruptura que impregna mentalidades e instituições e vai moldar as políticas sociais, tanto na Europa como nos Estados Unidos, no Canadá ou na Austrália. Também em meios insuspeitos de contaminação por essa onda, a ideia dominante passará a ser a de que a tolerância já não é apenas uma questão de *laissez-faire.* Como afirma Lord Scarman, "numa sociedade plural e civilizada, tal como é necessário que seja a nossa, é fundamental que as minorias tenham o direito não apenas de sobreviver, mas também de florescer" (1987, p. 50).

Alegações como a de Scarman vão transferir a tolerância e os problemas que lhe são inerentes para um alvo distinto daquele que vimos até aqui, refletindo assim a tendência aparentemente irreversível das sociedades contemporâneas para um multiculturalismo ainda não regulado satisfatoriamente. Na verdade, o pensamento moderno e a moldura sociopolítica por ele dinamizada propunham uma solução para o problema que consistia, basicamente, na instauração de Estados laicos e na consequente remissão das questões doutrinais para o foro privado. Isso pressupunha a possibilidade de múltiplas convicções religiosas e culturais e da sua respectiva manifestação em espaços e tempos devidamente autorizados, a par, obviamente, de um conjunto homogêneo e sistemático de leis, normas morais e cívicas, valores culturais e padrões de comportamento vinculativos para toda a comunidade. Acontece que essa base comum surge cada vez mais ameaçada pela nova configuração das sociedades e pelas consequentes reformulações da tolerância. As diversas comunidades que integram, hoje, a maioria dos países ricos já não exigem apenas a sobrevivência dos seus membros; exigem também a sua própria sobrevivência, o que significa, na prática, o ensino da sua história e a transmissão da sua cultura às gerações mais novas, o reconhecimento dos seus valores e costumes, no limite, a flexibilidade da lei, se não mesmo o seu desmembramento em vários subcódigos.

Escusado será dizer que o culto da diferença, levado a esse ponto, levanta sérias dificuldades. Desde logo, dificuldades de organização social. Como adaptar a escola pública, vocacionada para uma didática de conteúdos homogêneos, a uma situação pluricultural e voltada para memórias díspares? Como compatibilizar, na esfera econômica e no mercado de trabalho, a lógica da concorrência com a diversidade de obrigações religiosas e dias de festa a que estão obrigados trabalhadores de crenças diferentes? Mais difícil ainda, como encarar costumes e práticas rituais profundamente arraigadas em certas culturas, tais como a circuncisão feminina, a poligamia ou o casamento forçado, que constituem, no entanto, uma ofensa a valores que a cultura ocidental tem por avanços irreversíveis? Como conciliar, enfim, a preservação das diversas identidades culturais com a preservação dos direitos individuais, em casos como o dos *Versos satânicos*, de Salman Rushdie, em que, de um lado, se está perante o exercício de um direito e, do outro lado, se está perante a consumação de um crime punido com a morte? A jurisprudência, como se poderá imaginar, não é abundante nessas matérias, o que faz supor alguma arbitrariedade na apreciação jurídica, social ou política de muitos casos sem a projeção que este conheceu.

Do ponto de vista ainda dos países ditos "de acolhimento", o multiculturalismo vem pôr a prova soluções experimentadas ao longo de séculos por determinado povo, códigos de conduta e autoestima sedimentados, rituais de identificação e defesa consubstanciados em valores dados como intocáveis por uma comunidade. Conceitos como o de "nação", que o multiculturalismo, por inerência, tem dificuldade em rejeitar, ameaçam virar-se contra ele e ser usados como argumento a favor da exclusão das minorias e de medidas especiais para o seu controle. Para alguns, será apenas o acréscimo de insegurança trazido a um tecido social fragilizado pela concorrência de múltiplos códigos invocados no cotidiano. Para outros, é sobretudo o risco de desarticulação dos elementos polarizadores da identidade coletiva. "Tenho a convicção" – afirmava, já em 1978, Margareth Thatcher – "de que os cidadãos deste país têm medo de ser submergidos por gentes de cultura diferente. O espírito britânico fez tanto pela democracia no mundo inteiro que, se os cidadãos deste país se sentirem ameaçados, vão manifestar certa hostilidade para com os que chegaram mais recentemente." No limite, poderão estar em causa estratégias de defesa, designadamente quando uma comunidade imigrada se sente dividida entre o apelo das suas origens e as responsabilidades a que é obrigada pelo país que a acolhe. Algumas manifestações recentes de islamismo na Europa desvendaram casos em que o estatuto de imigrado e os benefícios inerentes, tais como subsídios destinados às escolas de ensino do árabe, poderiam ser utilizados como meios de propaganda ou mesmo de combate contra a civilização ocidental, transportando assim para o plano do cotidiano e da reflexão política a *vexata questio* da atitude da razão tolerante diante de seus adversários.

Em síntese, o que se vai questionar, uma vez mais, é a própria noção de tolerância: como se pode continuar a julgá-la um bem em si mesmo, quando a sua introdução se revela por vezes um fator de instabilidade e um mecanismo de desagregação de valores e culturas? Mais ainda, como poupá-la a essa espécie de pulsão suicida que alegadamente a levaria a proteger comportamentos lesivos de uma civilização que a promove sem reservas? As ambíguas modulações do culto da diferença, ora racista, ora antirracista, são testemunho eloquente da sua insuficiência como fundamento da tolerância.

Segunda parte

Tolerar por quê?

6
As ambiguidades do Livro

A amplitude da argumentação mobilizada em defesa da tolerância é relativamente estreita quando comparada com o número de páginas que, durante séculos, em particular nos três últimos, lhe foram dedicadas. Para efeitos de uma exposição que se atenha ao essencial, julgamos poder subordiná-la a três tópicos que correspondem a outras tantas fontes de legitimação da tolerância recorrentemente frequentadas, em alternância ou em acumulação, ao longo da história: a vontade divina, os ditames da razão e as sugestões da prudência. Qualquer delas, convirá notar, desdobra-se em antinomias que tornam problemática, logo de início, a fundamentação da tolerância. Os escritos apologéticos traduzem cada um desses tópicos por enunciados que se julgariam axiomáticos: Deus quer, a razão requer, a prudência aconselha. Porém, das Escrituras, em que se baseia a argumentação de caráter teológico, tanto se pode deduzir que Deus quer a tolerância como a intolerância; a razão, por seu turno, leva à mesma duplicidade; a prudência, finalmente, pela sua própria natureza, recomenda uma coisa ou outra conforme as circunstâncias daquele que a invoca. A esterilidade, tantas vezes dramática, da discussão da tolerância em qualquer desses registros encontra aqui as suas raízes. Vale a pena analisar cada uma das situações, começando pela fundamentação de natureza bíblica e deixando as restantes para os dois capítulos seguintes.

A invocação da autoridade da Bíblia a título de fundamento da tolerância aparece como inevitável, tanto nos textos em que se trata da tolerância religiosa como naqueles em que são abordadas outras vertentes do problema. De tal maneira a linguagem comum tem consolidada a reputação da tolerância como virtude cristã, mesmo quando lhe restringe o âmbito ao simplesmente anódino, que a tutela divina dir-se-ia evidente e de alcance imediato a cada página das Escrituras. Na realidade, não será exatamente isso o que acontece. As passagens a que a argumentação recorre são poucas e repetem-se de autor para autor, de situação para situação. Algumas delas, como veremos, repetem-se até em situações e campos opostos.

Um exemplo desses *tópoi* por assim dizer obrigatórios na literatura tolerantista é o que coloca as seguintes palavras na boca de Gamaliel, o judeu que se insurge contra o tribunal que se propunha condenar à morte alguns dos apóstolos: "Tende cuidado com o que ides fazer [...]. Porque se o desígnio e a obra desta gente provém dos homens, ela ruirá por si, mas se ela provém de Deus, não só não tendes razão, como vos arriscais a estar combatendo o próprio Deus" (*Act.* V, 33-39). Vezes sem conta, essa passagem ecoará na controvérsia seiscentista, a par de outras, porventura menos explícitas, em que se tenta, por um lado, suster o braço secular e, por outro, realçar a mensagem caritativa e a natureza exclusivamente espiritual do cristianismo diante das consequências da sua versão cesaropapista. Na boca de Gamaliel, repare-se, o argumento destinava-se a demonstrar o infundado de uma sentença em matéria de religião e a propor, em consequência, que o caso fosse remetido para a suprema instância, que se encarregaria de evidenciar, no fim dos tempos, a natureza das palavras e dos atos em apreço. Para os apologistas da tolerância que o vão citar, o mesmo argumento surgirá, no entanto, coberto pelo acréscimo de prestígio que representa o estar integrado na "palavra de Deus" e, nessa medida, será interpretado como uma intimação às autoridades para que tolerem a pluralidade de opiniões. A narração bíblica refere a suspensão do juízo em virtude da ignorância do tribunal sobre a verdadeira natureza do ato. Sua citação no interior da controvérsia em torno da tolerância pretenderá um efeito análogo, mas por uma causa diferente: a vontade divina. Os que pensam ao arrepio da verdade estabelecida devem ser poupados à violência, porque Deus, por meio de exemplos como este da Escritura, quer a tolerância. Essa mesma estratégia de inserir a tolerância no elenco das verdades reveladas está também patente na interpretação mais comum da parábola do lavrador que dá ordens para não se arrancar o joio que o inimigo veio de noite semear em seu campo, de modo que, no tempo da ceifa, seja então possível apartar o trigo do joio (*Mt* 13, 24-30). Tida por mandamento da tolerância ainda durante o século III, a parábola irá, muito rapidamente, conhecer as interpretações mais diversas. Logo no século seguinte, São João Crisóstomo fazia o seguinte reparo: "parece que o Cristo quer com isto [a parábola do semeador] dizer que quando se usam as armas para matar os hereges há o risco de exterminar ao mesmo tempo os homens justos. [...] Mas o Cristo não impede que se reprimam os hereges, que se os obrigue a fechar a boca, que se lhes retire a liberdade de palavra, de reunião ou de associação; proíbe apenas que se lhes dê a morte" (cit. in Lecler, *op. cit.*, I, p. 88). Santo Agostinho, por sua vez, leva a parábola no mesmo sentido, embora invoque argumentação diferente: "Quando o Senhor diz aos criados que queriam arrancar o joio para o deixarem crescer até ao tempo da ceifa, apresenta uma razão, visto acrescentar que era 'por medo de que ao arrancar o joio arrancassem, ao mesmo tempo, o trigo'. Deixa, portanto, claro que, se não existe esse receio, isto é, quando o crime de um particular é conhecido e surge tão execrável aos olhos de todos que não se encontra defensor algum (ou defensores tais que não é de temer um cisma), então a severidade da disciplina não deve abrandar, pois quanto mais diligente é a conservação da caridade, mais eficaz é a correção da perversidade" (cit. in Lecler, *op. cit.*, I, p. 85). Lutero, enfim, sustentará durante largo tempo o retorno à interpretação tolerante da parábola, deixando-a, depois, progressivamente esquecer, à medida que se aproxima do princípio da liberdade de religião, para o príncipe e não para o povo, consagrado em 1555 pela Paz de Augsburgo.

Nenhum texto bíblico, porém, é tão citado na história da tolerância como a parábola do banquete (*Lc* XIV, 23). É a história de um homem que dá um banquete e que, à hora aprazada, como os convidados não vêm, manda, primeiro, chamar todos aqueles a quem os criados encontrem pelas ruas e, depois, como alguns se fizessem rogados e ainda sobrassem lugares, dá ordens para que os obriguem a entrar (*compelle intrare*). Santo Agostinho é o principal dos seus comentadores na Antiguidade, inserindo-a numa longa carta em que trata da questão da heresia donatista e tenta fundamentar aquilo a que poderíamos chamar a "teoria da justa perseguição" (Ep. 185, *Ad Bonifacium*, ed. 1972, XIa, pp. 447-95). Os donatistas, segundo Santo Agostinho, são de opinião que "ninguém pode, com justiça, perseguir outrem e que a verdadeira Igreja é aquela que sofre perseguição, não a que persegue" (Ep. 185, 10). A essa tese do adversário contrapõe o autor uma outra: não são mártires os que simplesmente sofrem perseguição, mas sim aqueles que a sofrem por amor da justiça; em consequência, não o podem ser os que são perseguidos "por iniquidade e por impiamente dividirem a unidade cristã"; veja-se o exemplo do Calvário, onde Cristo é crucificado juntamente com dois ladrões, sendo que "os unia a paixão, mas diferenciava-os a causa" (*ibid.*, 9). Daqui, dessa dupla condição de perseguido, parte Santo Agostinho para o estabelecimento simétrico de uma dupla condição de perseguidor: "há uma perseguição injusta, aquela que os ímpios movem à Igreja de Cristo, e há uma perseguição justa, que a Igreja de Cristo move aos ímpios. Esta Igreja é bem-aventurada quando sofre perseguição pela justiça; eles são miseráveis quando sofrem perseguição por injustiça" (*ibid.*, 11).

Obviamente, a perseguição movida aos donatistas pelos católicos é executada pelos agentes do imperador, enquadrada legalmente e só pensável depois da viragem histórica que selou o pacto da Igreja com o Império. Alegam por isso os perseguidos que os apóstolos nunca pediram auxílio aos "reis da terra" contra ninguém. Resposta de Santo Agostinho: "os tempos eram outros e tudo deve realizar-se a seu tempo. Nessa altura, ainda não tinha havido nenhum imperador que acreditasse em Cristo e que pudesse servi-lo, ditando leis a favor da piedade e contra a impiedade" (*ibid.*, 19). Sob a aparência de argumentação evasiva, é toda uma filosofia da história que o autor deixa aqui transparecer. Porque os imperadores e todos os que foram intolerantes para os cristãos estavam, por seu turno e sem o poderem adivinhar, cumprindo um desígnio e cumprindo o texto das profecias, de tal modo que "a impiedade, longe de poder proibir-se, tinha antes de ser executada mediante leis. Mas a ordem dos tempos ia evoluindo. Os judeus matavam os pregadores de Cristo, julgando que prestavam serviço a Deus, tal como Cristo havia predito; os gentios enfureciam-se contra os cristãos, para que todos fossem vencidos pela paciência dos mártires. Até que começou a cumprir-se o que está escrito: *e todos os reis da terra o adoraram, todas as gentes o serviram*" (*ibid.*, 20). Moralmente inconciliáveis, a tolerância justa e a tolerância injusta encontram-se, portanto, duplamente ligadas: no registro da Bíblia, que as guarda sob o véu da profecia; no registro da história, onde ambas cumprem o mesmo desígnio de Deus. Sua diferença, aliás, não reside tanto em si mesmas como nas motivações de quem delas se serve. Em última análise, a perseguição ou intolerância, quando justificada, deixa de ser um mal mas passa apenas a ser um bem, não o bem incondicionado. "Quem é que duvida" – pergunta o autor – "que é melhor que os homens sejam levados a servir a Deus pelo ensino do que obrigados pelo medo da pena ou pela dor?" (*ibid.*, 21). Mas o fato, acrescenta, de haver um método melhor não significa que os outros sejam desprezíveis (*non quia isti meliores sunt, ideo illi qui tales non sunt, negligendi sunt*). Aos criados e aos próprios filhos indisciplinados também se aplicam, para seu bem, os açoites, conforme refere o texto, socorrendo-se uma vez mais das Escrituras. A intolerância diante dos hereges inscreve-se na mesma ordem de atuações legitimadas, pela motivação que as determina, ou por constituírem a explicitação de várias passagens da "palavra de Deus" que implicitamente as contêm: a parábola do semeador, na economia da carta que vimos citando, é apenas uma dessas passagens.

Tal exercício, que aos olhos da modernidade há de aparecer como literalmente quixotesco, na medida em que toma cada episódio da história e cada recorte do mundo como projeção de um trecho da Escritura, é tão natural em Santo Agostinho como, séculos depois, continuará a ser em São Tomás, Averróis ou Maimônides.

Qualquer uma das três religiões do Livro ficara, por largo tempo, prisioneira da identificação do texto da lei – seja no Antigo Testamento e no Talmude, no Novo Testamento ou no Corão – com uma narrativa da verdade universal e sem poder admitir que a própria natureza dos seus enunciados acarreta a pluralidade conflitual das interpretações. À sua maneira, cada uma das sociedades, Estados e impérios fundados sobre essa presunção de traduzir a vontade de um legislador divino tenderá a moldar-se à imagem herdada do antigo Israel e a conceber-se como depositário exclusivo da verdade. Teocráticos por vocação, qualquer atentado contra a doutrina será por eles julgado como um crime de lesa-pátria, da mesma forma e pela mesma razão que entre os judeus a blasfêmia era punida com a morte. Se a soberania repousa em Deus e existe uma lei que lhe é atribuída, então a distinção entre o sagrado e o temporal atenua-se. No limite, ela será suprimida: o erro e o crime, tal como a verdade e o bem, confundem-se. É o que pretende São Tomás de Aquino, quando compara o herege com o moedeiro falso: "é muito mais grave corromper a fé, que assegura a vida da alma, do que falsificar a moeda, com que se garante a vida temporal. Por conseguinte, se os moedeiros falsos são imediatamente condenados à morte pela justiça dos príncipes seculares, com maior razão os hereges, mal tenham reconhecidamente abraçado a heresia, podem ser, não só excomungados, mas até condenados, muito justamente, à morte (*S.T.*, 2.2, q. 11, a. 3). Os defensores da tolerância poderão objetar, invocando a "caridade evangélica" expressa em trechos como a parábola do joio. Mas São Tomás, à semelhança de Santo Agostinho, propõe uma outra versão desse mesmo trecho, segundo a qual o seareiro está impedido de arrancar o joio só enquanto for difícil distingui-lo do trigo: como no caso dos hereges não há confusão possível, eles podem ser arrancados do seio da Igreja e lançados, como o joio, à fogueira (*S.T.*, 2.2, q. 10, a. 8, ad. 1).

Esse apuramento da verdade mediante o recurso à sua suposta tradução no texto bíblico será objeto, a partir da Renascença, de uma suspeita que se orienta em três direções: uma vai no sentido da reposição dos textos originais; outra põe em causa a possibilidade de um texto, qualquer que ele seja, traduzir a verdadeira mensagem divina e de o espírito encarnar na letra; a última, aceitando embora o texto, recusa a sua interpretação literal sempre que esta se oponha à lei que está impressa na razão. Como facilmente se percebe, qualquer dessas direções por que vai orientar-se o pensamento deriva da dificuldade em aceitar que a mensagem escriturística possa tutelar certos atos que em seu nome se praticam, em particular a guerra de seitas que alastra no interior de uma religião de alegada paz e concórdia. A verdade divina não pode equivaler a alguns dogmas que historicamente se impuseram como sua tradução. Porém, a atitude que se preconiza em cada uma das direções mencionadas é diferente. Na primeira, supõe-se que as distorções provêm da corrupção do texto original e procura-se desenterrar a pureza do significado através da decantação dos significantes, isto é, através da erudição destinada a surpreender o texto na língua e nas circunstâncias históricas em que o teria deixado o autor inspirado: é o biblismo humanista. Na segunda, pelo contrário, desconfia-se de toda e qualquer materialização possível da mensagem divina, no pressuposto de que "o espírito é vivo e a letra é morta": é a via preconizada por místicos como Sebastien Franck e Jacob Böhme, que consideram que a verdade se revela unicamente no mais íntimo de cada um, antecipando assim a posterior consagração dos direitos da consciência individual diante da crença coletiva. Na terceira, rejeita-se o literalismo a todo custo e reclama-se a necessidade de interpretar alegoricamente o texto da Escritura sempre que dele se possa extrair algo, como a intolerância, que contradiga a lei natural ditada pela razão. É aqui que reencontramos Bayle e a sua argumentação cerrada contra a leitura feita por Santo Agostinho da parábola bíblica do banquete. Vejamos alguns desses argumentos, tendo em conta a projeção que eles viriam a conhecer na história da tolerância, sem esquecer, no entanto, que o seu ponto de partida – submeter a Escritura a critérios de racionalidade – é altamente problemático e, tal como Espinosa já fizera notar (cf. D. P. Aurélio, introdução a *T.T.-P.*, trad. bras., 2008), não oferece nenhuma garantia de maior tolerância e pacificação dos povos.

O título da obra de Bayle, que já referimos, embora apenas sob forma resumida, é esclarecedor quanto aos objetivos visados: *Commentaire philosophique sur ces paroles de Jésus-Christ, Contrains-les d'entrer; où l'on prouve, par plusieurs raisons démonstratives, qu'il n'y a rien de plus abominable que de faire des conversions par la contrainte: Et où l'on refute tous les sophismes des convertisseurs à contrainte, & l'apologie que St. Augustin a faite des persécutions*[3]. Logo na Primeira Parte, o autor formula reservas a algumas das consequências do método que ele mesmo anuncia. Na verdade, se este for aceito sem nenhuma limitação, levará, como se prova pela seita de Fausto Sozzini, a uma recusa de todos os dogmas que envolvam qualquer parcela, mínima que seja, de mistério racionalmente inexplicável. Ora, Bayle não é um sociniano, tampouco quer fazer comentários teológicos ou interpretações da Escritura e tem dúvidas quanto ao alcance da razão em matérias especulativas. Tem, no entanto, uma certeza, a certeza de que a razão é infalível em matéria de costumes, e por isso declara peremptório que "todo o sentido literal [da Escritura] que contém a obrigação de fazer crimes é falso" (*op. cit.*, ed. 1992, p. 85). Seja qual for o sentido da frase "obriga-os a entrar", ela não pode recomendar que se façam conversões à força, uma vez que seria contrário à razão que a Bíblia levasse ao crime. Por outro lado, argumenta ainda Bayle, a interpretação literal da frase é contraditória com o espírito do Evangelho e, também por isso, não pode ser senão falsa (p. 106).

Os argumentos restantes invocados repousam fundamentalmente nesses mesmos princípios. Assim, a interpretação literal, pretensa legitimação da intolerância, subverte a moral, confundindo o vício e a virtude (p. 111); oferece aos infiéis o pretexto para não deixarem entrar missionários cristãos na sua terra, porquanto estes levariam consigo a obrigação de os converter, a bem ou a mal (p. 119);

---

[3] *Comentário filosófico sobre estas palavras de Jesus Cristo, obrigai-os a entrar; onde se prova por várias razões demonstrativas que não há nada mais abominável do que fazer conversões pela força: e onde se refutam todos os sofismas dos que convertem pela força e a apologia que Santo Agostinho fez das perseguições* (1686).

retira qualquer autoridade às queixas dos primeiros cristãos contra os imperadores romanos (p. 162); lançaria todas as seitas cristãs em guerra umas com as outras, pois cada uma delas se sentiria na obrigação de converter as demais à sua interpretação da Bíblia (p. 171). Como se comprova, Bayle não enjeita a ideia de que, por um lado, a Bíblia contém a verdade, mas está, por outro lado, convicto de que a verdade não pode ser intolerante. Em última instância, o critério a avaliar a identificação dos preceitos será sempre a razão. Esta, como já haviam observado na Idade Média Averróis e Maimônides, coloca constrangimentos à leitura e estabiliza a interpretação, manietando assim as derivações de teólogos que põem em perigo a ordem social quando extraem da Escritura o que lhes passa pela imaginação ou o que sirva a seus interesses ocasionais. Muitos discípulos de Descartes, não pondo sequer as reservas de Bayle, consideram-na o mais adequado critério da verdade, seja em que domínio for: Deus fala a todos os homens pela razão, ao passo que a Bíblia só chega a alguns e é filtrada por interpretações as mais diversas. Aquilo a que em finais do século XVII se chamava o deísmo, a religião dos *philosophes*, tem na base essa transferência da verdade da sua sede bíblica para uma outra em que logo se revelará não menos labiríntica: a razão de todos e de cada um.

As várias Igrejas, é certo, continuarão fiéis à respectiva interpretação da Bíblia. Bossuet, com toda a convicção, reitera ainda uma "política extraída da Sagrada Escritura", título de uma das suas obras (*Politique tirée des propres paroles de l'Écriture Sainte*, 1681). Mas essa política, não por acaso, e apesar de todas as citações evangélicas com que se tenta abonar a natureza estritamente espiritual do cristianismo, é uma política intolerante: "Aqueles que se recusam a aceitar que o Príncipe recorra à força em questões de religião, porque esta deveria ser livre, incorrem num erro ímpio. Caso contrário, seria preciso aceitar, em todas as matérias e em todos os Estados, a idolatria, o maometanismo, o judaísmo, toda e qualquer falsa religião; a blasfêmia, o próprio ateísmo e os maiores crimes seriam os mais impunes" (*op. cit.*, VII, 3, 10; cit. in Joly, 1986, p. 79). Da mesma forma, Leão XIII, em 1885, repetia ainda idêntica doutrina na encíclica *Immortale Dei*: "A liberdade de pensar e de publicar os seus pensamentos sem qualquer restrição, em si mesma, não constitui um bem pelo qual a sociedade deva congratular-se. Pelo contrário, é a fonte de muitos males [...]. Não é, portanto, permitido divulgar e expor à vista dos homens o que é contrário à virtude e à verdade e, muito menos ainda, colocar tal licença sob a tutela e a proteção das leis." A conversão oficial da Igreja Católica à tolerância chegará, sim, mas um pouco mais tarde, pelo Concílio do Vaticano II, altura em que surgem vários documentos, em particular a *Declaração sobre a liberdade religiosa* (1965), que consagram, finalmente, o valor inalienável da liberdade individual em matéria religiosa e os direitos da "consciência errante"[4].

Religiões há, entretanto, em que prevalece ainda intacto um pretenso direito exclusivo da verdade, com prerrogativas, se possível, reforçadas. O retorno a que se assistiu, ao longo do século XX, a uma versão pretensamente mais autêntica do Corão, no interior do islamismo, versão essa que condena e persegue o mínimo desvio à verdade e à virtude, é bem o exemplo da intolerância fundamentada na "palavra do profeta, intérprete de Alá". Evidentemente, tal

---

[4] Apesar de alguns antecedentes, raros e não muito antigos, só nesse texto a Igreja declara, pela primeira vez e de forma inequívoca, que "o direito à liberdade religiosa se funda realmente na própria dignidade da pessoa humana, tal qual se conhece pela palavra revelada de Deus e pela própria razão. Esse direito da pessoa humana à liberdade religiosa deve ser reconhecido na ordem jurídica da sociedade, de tal forma que se torne um direito civil" (trad. port., Lisboa, União Gráfica, 1966, p. 8). O documento conciliar refere ainda explicitamente que "a doutrina da liberdade religiosa fundamenta-se na revelação" (*ibid.*, p. 18), citando várias passagens das Escrituras a cujo valor probatório se podem, no entanto, pôr reticências do gênero das que apontamos ao longo do presente capítulo. À parábola do joio, por exemplo, aqui chamada novamente a fundamentar a tolerância em sede escriturística (p. 21), poder-se-iam contrapor as já citadas interpretações de Santo Agostinho ou de São Tomás. A "generosidade" com que o texto oculta o passado de toda essa problemática é, de resto, bem visível na seguinte passagem: "Embora na vida do Povo de Deus, peregrino através das vicissitudes da história humana, houvesse por vezes um comportamento menos conforme, e até contrário ao espírito evangélico, contudo, sempre se manteve a doutrina da Igreja de que ninguém deve ser obrigado a abraçar a fé" (p. 24).

intolerância só se retira dos textos aceitos como sagrados – no islamismo, como no cristianismo e no judaísmo – a partir do momento em que um grupo organizado, quer esteja no poder ou em busca de sua conquista, se socorre deles e os promove a Constituição, real ou virtual. Boa parte das tentativas de cariz teológico para apagar *a posteriori* as marcas da intolerância, que a seu tempo se legitimou por recurso ao Livro, consistem em inocentar a doutrina e culpar as interpretações, sendo que estas, em regra, se imputam aos chamados poderes temporais. À semelhança, porém, da ave de Minerva, a versão tolerante só se ergue do texto quando as versões intolerantes, desamparadas pela força do braço secular, caminham para o ocaso. E a recíproca, infelizmente, também é verdadeira.

7
"O jardim das veredas que se bifurcam"

John Locke está convicto de que "a tolerância daqueles que têm opiniões religiosas diferentes é de tal modo conforme ao Evangelho e à genuína razão da humanidade, que parece monstruoso os homens serem cegos a ponto de não perceberem, diante de uma luz tão clara, a sua vantagem e necessidade" (*A Letter*, ed. 1963, vol. VI, p. 9). De onde lhe vem uma convicção assim? Não é, com certeza, das citações, aliás raras, do Novo Testamento que invoca na *Epístola*, que desempenham um papel meramente subsidiário na estratégia argumentativa. Locke tem presente que foi, em boa parte, o tomar-se a letra por decisiva que levou às guerras de interpretação. Na Holanda, onde então vivia, é bem conhecido o provérbio "A cada seita o seu versículo". Não admira, pois, que enveredasse pela solução a que recorre quase toda a elite intelectual da época, tomando a Escritura por uma versão retoricamente diferenciada do discurso racional mas com idêntica mensagem subjacente. "Se cremos no *Evangelho* e nos apóstolos" – pensa, em resumo, Locke, à semelhança do que acontece com Bayle e muitos outros –, "ninguém pode ser cristão sem a caridade, sem a fé prática, que não nasce da força mas sim do amor" (*ibid.*, p. 6).

O primeiro ponto da argumentação de Locke traduz-se nessa fuga da letra para o alegado espírito do Evangelho, já encetada, aliás, por muitos dos "cristãos sem Igreja", em particular os chamados socinianos. Em boa verdade, do que se trata aqui é de uma depuração das Escrituras, vertendo-as para a linguagem do racionalismo de matriz cartesiana e, desse modo, invertendo o preceito antigo da subordinação do saber – filosófico e científico – à autoridade dos livros sagrados. A separação entre razão e fé continua, portanto, ausente, a não ser em Espinosa, que recusa essa simples mudança de papéis entre a teologia e a filosofia e remete os enunciados bíblicos para a categoria de produtos da imaginação e da história do povo judeu, destinados unicamente a instruir na obediência e não na ciência ou na filosofia (cf. *T.T.-P.*, cap. XIII). À falta, no entanto, de uma distinção clara e radical entre os dois domínios, Locke irá fundar a sua doutrina da tolerância numa outra distinção, a do Estado e das Igrejas, estabelecida por via racional.

Basicamente, a argumentação contida em *A Letter Concerning Toleration* pretende mostrar que a perseguição por motivos religiosos é absurda e, portanto, ilegítima, quer seja levada a cabo pelo Estado ou por uma Igreja. O Estado não tem por função ocupar-se da salvação das almas, entre outros motivos porque "a força das leis vai até onde for a eficácia das sanções, e estas, em matéria de religião, são altamente inoperantes e minimamente eficazes para lograrem a persuasão". Por sua vez, uma Igreja é, no entender de Locke, "uma associação livre de homens que de comum acordo se reúnem publicamente para venerar a Deus de uma determinada maneira" (*ibid.*, pp. 12-3). Sendo livre e não tendo por finalidade nada que possa ser sancionado pela força, nenhuma Igreja tem razões para recorrer a outras armas que não sejam as da persuasão e exortação, nem decretar penas que vão além de uma excomunhão sem consequências para a vida social e política do excomungado. Dito de outro modo, a intolerância é irracional, primeiro, porque o Estado não tem por função converter pessoas ou cuidar de almas; segundo, porque a Igreja não tem legitimidade para aplicar sanções e penas que saiam do foro espiritual; terceiro, porque as sanções são ineficazes nesse domínio, visto não se poder garantir senão o mero cumprimento dos rituais, nunca a conversão interior dos perseguidos.

Voltaire, já o dissemos, vai radicalizar essa argumentação, formulando-a positivamente: a razão não apenas requer a tolerância, como também ela própria é tolerância. O operador de tal identificação reside no sintagma "apanágio da humanidade". A tolerância é o "apanágio da humanidade", humanidade essa que, aos olhos de Voltaire, se define pela razão. A tolerância, portanto, é apanágio da razão. Longe ainda das convicções dogmáticas que hão de levá-la a reproduzir o pior das confissões religiosas quando secundadas pelo poder, a razão recupera aqui a sua aura socrática, tal como sublinha Karl Popper, e afirma-se pelos seus limites e sua fragilidade: a história humana, a história de cada um dos homens, está cheia de erros. Desse modo, a verdadeira razão revela-se uma espécie de "douta ignorância", um saber-se que nada se sabe em definitivo, comprometendo assim qualquer pretensão a possuir uma verdade de tal modo indiscutível que pudesse ser imposta.

O objetivo de Voltaire é desativar o potencial de intolerância que os dogmas tendem a incorporar sempre que à sua condição de verdades de fé não se impõem limites. Fiel ao espírito das Luzes, a razão apresenta-se-lhe como um processo em que se iriam sucessivamente eliminando os erros – as "imposturas", as "superstições", os "obstáculos à filosofia e à ciência", etc. – e através do qual a humanidade se encaminharia em direção à sua autêntica natureza. Racionalizar, nessa perspectiva, equivaleria a retirar a carga emocional que acompanha as evidências de cada um e a ser *razoável*, de modo a evitar a repetição de casos como o da família Callas e das demais vítimas do fanatismo denunciado no *Traité sur la tolerance* (1763). Em certa medida, Voltaire não estava longe do pensamento que se reflete na "razão de Estado" invocada por Richelieu e por outros governantes da Europa de então, a fim de obrigarem por decreto as várias convicções religiosas a uma coexistência que não prejudicasse a paz geral. Porém, o que nestes era simples reflexo de intuição e prudência, muito embora conduzisse objetivamente à neutralização ou contenção do irracional implícito nas guerras religiosas, representava para ele uma espécie de condição gnoseológica e moral da faculdade da razão: ninguém sabe o bastante para poder não tolerar, como dirá mais tarde Popper, e Voltaire já pressente. O saber de cada um é falível.

A consequência dessa observação desdobra-se em dois sentidos diametralmente opostos. Voltaire detém-se unicamente na implicação da tolerância recíproca, deduzida a partir do reconhecimento das limitações da opinião individual. Mas há, logicamente, uma outra conclusão possível, qual seja, a da equivalência das opiniões e do concomitante relativismo. E este pode servir – e tem, efetivamente, servido – tanto para sustentar posições tolerantes como para sustentar posições intolerantes. Se as opiniões, crenças, culturas ou ideologias são incomensuráveis, uma vez que não pode existir um quadro de valores que sirva de referência e determine o grau de maior ou menor aceitabilidade dos enunciados e opções, então a tolerância e a intolerância encontram-se em pé de igualdade, não fazendo sequer sentido apelar para uma instância que legitime racionalmente qualquer das atitudes. Mais ainda, aquilo que o Ocidente apelida de razão universal tornar-se-á, perante o relativismo, uma entidade suspeita ao apresentar-se como um mecanismo de exclusão de outros enunciados, outras "formas de pensar", que se situam fora do que permitem os seus constrangimentos lógicos. Nas Américas, os europeus autodesignavam-se "gente de razón" para se distinguirem dos índios.

O processo movido ao "logocentrismo" encontra nesse gênero de fatos a sua principal alegação. Regra geral, deriva daí para a defesa de um direito à inviolabilidade, ou seja, à impunidade de qualquer modo de vida e concepção do bem, desde que se origine de raízes culturalmente diferenciadas, não parecendo atribuir particular significado ao fato de isso poder implicar a imposição de normas inaceitáveis à luz de outros padrões civilizacionais. A que instância jurídica ou moral poderão recorrer os indivíduos sujeitos às regras de uma cultura particular, no momento em que pretenderem rejeitar os seus pressupostos? Como proceder, por outro lado, à crítica de qualquer situação de fato historicamente fundada, se o direito, reduzido à sua condição de expressão de uma cultura, se limita a sancionar a "diferença"? O relativismo, em qualquer das formulações – antigas, modernas e pós-modernas –, não caucionará mais do que a simples observação do possível confronto de posições. Jogos de linguagem ou jogos de guerra, jogos de palavras (*words*) ou jogos de espadas (*swords*): a preferência por uns em detrimento de outros ficará sempre uma hipótese por fundamentar.

Não é, no entanto, como facilmente se percebe, esse o tipo de inferências que poderão encontrar-se em apologias da tolerância, hoje clássicas, como a de Stuart Mill ou a de Karl Popper. Qualquer desses autores, em consonância, aliás, com a teleologia iluminista presente em Voltaire, tem por evidente que existe uma verdade, da qual podemos ir nos aproximando à medida que forem sendo removidos os obstáculos que impedem a destruição do erro, muito embora jamais se tenha a certeza de a possuir em absoluto. Tanto o fanatismo das seitas religiosas para Voltaire como os preconceitos sociais para Stuart Mill, como ainda as reminiscências "tribais" para Popper, constituem bloqueamentos indevidos ao progresso do saber e ao esclarecimento da verdade. A razão, por conseguinte, requer, a título de condição e método, a possibilidade de se exprimirem e criticarem todas as ideias. E por vários motivos, todos eles decorrentes do princípio do falibilismo. Stuart Mill agrupa-os sucintamente em "quatro distintas razões" que, a seu ver, constituem outros tantos fundamentos da liberdade de opinião e de expressão. Em primeiro lugar, há que aceitar, sob pena de presumir a infalibilidade, que aquilo que o outro sustenta pode ser verdadeiro; segundo, mesmo que a sua opinião seja um erro, ela pode conter uma parte de verdade; terceiro, ainda quando alguém prova deter a verdade, e toda a verdade, esta será tida apenas como um simples preconceito se não for permitida a sua discussão; por último, o próprio significado da verdade se degrada em simples formalismo, despojado de qualquer "efeito vital sobre o caráter e sobre a conduta", quando não está sujeito ao permanente escrutínio da livre opinião pública. Em resumo, é imperativo racional, por um lado, tolerar a livre expressão, mesmo de ideias que à maioria das pessoas pareçam estranhas ou errôneas, pois nelas pode estar a verdade ou parte da verdade; por outro lado, fomentar a crítica e a manifestação de novas ideias, de modo a alargar sempre mais o espectro de possível verdade (cf. 1985, pp. 115-6).

Popper, rejeitando embora os pressupostos indutivistas que presidiriam, segundo Mill, ao progresso do saber, toma igualmente a tolerância por elemento substantivo da racionalidade, inerente, por conseguinte, à própria natureza da ciência. Primeiro, a comunidade científica preconizada pelo racionalismo crítico popperiano tem de constituir um espaço absolutamente aberto ao aparecimento de novas hipóteses e conjecturas, presumindo sempre que nelas pode estar a verdade ou, pelo menos, uma parte dela. Segundo, a mesma comunidade rejeita todas as teorias cujas hipóteses não sejam confirmadas pelos resultados observacionais e bem assim aquelas para as quais não se vislumbre sequer uma observação que as poderia refutar. Dito de outro modo, as condições para que uma teoria científica seja aceita não residem apenas no fato de nenhuma observação a contestar: é preciso também que ela assinale os dados que, verificados, imediatamente a refutariam. O progresso da ciência só é possível mediante esse compromisso entre a máxima tolerância em relação às conjecturas e a máxima tolerância para com as tentativas de refutação: "uma vez proposta, nem uma só das nossas conjecturas se mantém dogmaticamente; o nosso método de investigação não consiste em defendê-las para demonstrar que tínhamos razão, mas sim em tentarmos refutá-las. Com todas as armas do nosso arsenal lógico, matemático e técnico, tentamos demonstrar que as nossas conjecturas eram falsas – a fim de propor em seu lugar novas conjecturas injustificadas e injustificáveis, novos preconceitos precipitados e prematuros, como lhes chamou, ridicularizando-os, Bacon" (1972, p. 279).

Transposta para o domínio do social, essa mesma concepção da ciência implicará a defesa de políticas que contemplem a livre intervenção de todos os cidadãos. Por um lado, as leis serão sempre passíveis de aperfeiçoamento ou revogação, e daí a necessidade de garantir a crítica; por outro, a governança tem de estar sujeita ao julgamento dos governados, que devem poder, segundo regras definidas e mediante instituições que garantam a liberdade de expressão, substituir os governos sem ser necessário recorrer à força. Também aqui, o alvo contra o qual Popper lança os seus ataques é o fechamento "tribal" a que conduzem quer o irracionalismo dos que entendem que tudo nas sociedades está determinado por sentimentos e paixões e que é inevitável uma discriminação por grupos – "nós" e os outros, os amigos e os inimigos –, quer o falso racionalismo dos que se arrogam o monopólio de uma verdade definitiva – filosófica, teológica, científica –, legitimando assim o domínio sobre os demais e a perseguição dos insubmissos. "O abandono da atitude racionalista, a perda do respeito pela razão, pelos argumentos e pelo ponto de vista dos outros, a insistência nas camadas 'mais profundas' da natureza humana, tudo isso [...] leva quase sempre – creio eu – a ter mais consideração pela pessoa que pensa do que pelo seu pensamento e a acreditar que 'pensamos com o nosso sangue', ou com 'o nosso patrimônio nacional' ou com a 'nossa classe' [...]. A partir de tais premissas, o igualitarismo político torna-se praticamente impossível" (1966, vol. II, pp. 235-6).

O igualitarismo de que fala Popper não pressupõe qualquer igualdade natural dos indivíduos. Muito pelo contrário, pressupõe que, de nascença, eles sejam todos diferentes. Mas não infere daí a inevitabilidade do conflito, como faz o irracionalismo. O axioma da desigualdade original autoriza apenas que se conclua, à semelhança de Voltaire, que "eu posso estar errado e o outro pode estar certo". É esse o primeiro princípio da tolerância popperiana, muito embora não chegue para a fundamentar, como o próprio autor se dá conta (Popper, 1987, pp. 26-30). Só por si, a equivalência das opiniões pode igualmente fundar, já o dissemos, atitudes relativistas em que o conceito de verdade se apresenta como irrelevante, senão improcedente, ou mesmo uma atitude eclética, em que a verdade é feita do conjunto de opiniões. Um dos aspectos da cultura japonesa que mais surpreendeu o Ocidente foi a relação de complementação e aceitação mútua verificado entre as três principais religiões – xintoísmo, budismo e confucionismo –, que "não se toleram por falta de poder assumir uma posição dominante sobre as demais, mas sim por reconhecer o valor e a função própria de cada uma" (Dascal, 1989, p. 7). Na interpretação de Popper, todavia, só pode acontecer uma de duas coisas à luz do princípio referido: ou um de nós está errado, ou então estamos os dois. É daí que decorre o segundo princípio, de acordo com o qual, "conversando racionalmente, podemos conseguir corrigir alguns dos nossos erros" (1987, *ibid*. O mesmo para as citações imediatamente a seguir).

O que nesse princípio se consagra, do ponto de vista da investigação e da busca da verdade, é a função da linguagem, na medida em que ela "faz dos pensamentos objeto de possível crítica". Sem a liberdade de se apresentarem as várias opiniões, torna-se difícil apurar quais delas estão erradas. Pelo contrário, a aceitação do debate e da troca de argumentos como via de aproximação da verdade implica, por um lado, a recusa do relativismo, do *anything goes*; por outro, a recusa da força como critério. Não há aqui, repare-se, qualquer defesa da palavra pela palavra e do verbalismo. A conversação que Popper tem em vista é o discurso e a discussão racionais, não o "incitamento das paixões" ou o mero propósito de "vencer o debate". Uma irrestrita liberdade de falar, como veremos mais adiante, pode até, no entender do autor, revelar-se funesta, na medida em que, desobrigada dos padrões de racionalidade, a palavra se arrisca a transformar-se, paradoxalmente, num alçapão para a tolerância. Mas o debate, desde que respeite aqueles padrões, vale por si, independentemente de conduzir ou não a um acordo entre os participantes. É, pelo menos, o que afirma o terceiro princípio de Popper: "se conversarmos racionalmente, podemos ficar ambos mais perto da verdade". A discussão poderá ser inconclusiva e jamais, ao contrário do que professa o racionalismo não crítico, poderemos ter a certeza de a possuir. Sabemos, porém, que a discussão é o único meio de eliminar erros, que a razão se processa pelo exercício da crítica e que o saber progride mediante a tolerância.

Em que medida esses três princípios fundamentam, como quer Popper, a tolerância na natureza mesma da racionalidade? Não sendo aqui o lugar adequado para sequer inventariar os múltiplos aspectos da questão em sede gnoseológica e epistemológica, convirá, no entanto, referir alguns deles, que se afiguram pertinentes em relação ao que vínhamos dizendo. Antes de mais nada, deve notar-se que a pedra de toque do racionalismo crítico, tal como o autor o entende, reside exatamente no abandono de preocupações fundacionais no que toca à opção originária pela razão. O racionalismo crítico "reconhece o fato de que a atitude racionalista fundamental está baseada numa decisão irracional, ou na fé na razão". E Popper acrescenta: "Somos livres para escolher qualquer forma de irracionalismo, mesmo a mais radical ou a mais vasta. Mas também somos livres para escolher uma forma crítica de racionalismo que admita francamente as suas limitações e o fato de se basear numa decisão irracional" (1966, vol. II, p. 231). Em última análise, repete-se sempre o problema da escolha dos primeiros princípios, da fundamentação dos fundamentos, tão antigo quanto a filosofia. No que toca ao progresso científico, a efetiva acumulação dos saberes ao longo dos últimos quatro séculos dir-se-ia bastante para caucionar a mútua implicação da racionalidade com a tolerância. Mas é manifesto que, no plano sociopolítico, não existe nenhum recurso probatório equivalente: que critérios distintivos e minimamente universalizáveis recomendam a opção pela liberdade de crítica em vez da planificação "racional" dos comportamentos ou do sacrifício do indivíduo à felicidade coletiva da tribo? Mesmo no plano científico, será que se pode afirmar peremptoriamente que o racionalismo crítico e o avanço do saber são inseparáveis, quando assistimos à concorrência desenfreada dos programas de investigação em sociedades baseadas na intolerância?

Passando a um outro registro, poderíamos ainda perguntar até que ponto os princípios de Popper são aplicáveis, isto é, em que medida se poderá testar a racionalidade dos enunciados necessária à conversação tolerante. O fato de se reconhecer em qualquer interlocutor "uma fonte potencial de argumentos e de informação razoável", estabelecendo assim, como quer o autor, "a unidade racional do gênero humano" (1966, vol. II, p. 225), não exclui que os argumentos de cada um remetam para códigos diferentes e, em última instância, para irredutíveis modalidades da mesma razão. Além disso, no interior de um mesmo código, as significações de qualquer enunciado não são objetivamente identificáveis de modo a que o confronto de ideias se desenrole à margem de preconceitos, isento de paixões e de quaisquer condicionalismos psicológicos. Marcelo Dascal acusa essa visão idílica e "esterilizada" do debate de ser vítima de uma "semântica ingênua", à luz da qual "não só a atribuição de uma interpretação a um texto ou discurso não é problemática, mas também as relações lógicas (p. ex., de contradição) entre significações determinam-se sem qualquer dificuldade e de forma inteiramente objetiva" (1989, p. 20). Contrariando tal visão, Dascal recorda que as interpretações de uma simples frase possuem estatuto idêntico ao das hipóteses na ciência e estão igualmente sujeitas à falibilidade e à "indeterminação essencial", visto implicarem, como já haviam referido Quine e, em contexto diferente, Gadamer, não apenas as regras da linguagem e da lógica, mas "todo o conjunto de crenças daquele que interpreta". O debate de ideias não pode imaginar-se um mero contraponto de entidades matemáticas, quando o que está em causa é um conflito de presunções de verdade animadas pelo propósito de eliminar-se umas às outras e sustentadas pela história, a cultura, as circunstâncias e as paixões dos seus proponentes. Conforme observa ainda o mesmo autor, "a racionalidade não se pode impor a qualquer preço: ela nada mais é do que um dos vários princípios heurísticos que regulam o processo interpretativo" (*ibid.*, p. 25).

Popper, evidentemente, não poderia aceitar tais conclusões da pragmática. Do ponto de vista do seu racionalismo crítico, ele julga ser possível identificar o demagogo – aquele que usa a liberdade de expressão para tomar o poder e depois suprimi-la – com o rigor necessário para o excluir justificadamente. Seu objetivo, já vimos, é evitar, por meio das instituições que promovem a liberdade de crítica, o retorno à tribo e a irrupção do irracional. Ser-lhe-ia, por isso, estranha a simples ideia de que as tradições e o próprio interesse momentâneo dos indivíduos se intrometam na discussão, supostamente racional, e deem azo ao aparecimento de associações fundadas em princípios idênticos aos do clã, ou seja, alheios à investigação desinteressada da verdade. Fiel às suas premissas, reivindicaria sempre a razão como faculdade comum ao gênero humano e, nessa medida, intrinsecamente tolerante. Ao fazê-lo, porém, estaria postulando uma noção abstrata de sociedade, à qual os indivíduos deveriam subordinar-se, de modo a salvaguardar não só a tolerância, mas a investigação da verdade. Estabeleceria, assim, uma distinção só na aparência clara entre a discussão de tipo racional e as outras, revestindo a primeira de uma autoridade que não andaria longe da que reclamam para si todos os laboratórios de decantação de uma verdade absoluta. No final, defenderia a intolerância para com aqueles que, não aderindo à "convenção racional", teriam de considerar-se intolerantes. Vê-lo-emos mais adiante.

8

Uma questão de prudência

Edward Gibbon diz, a certa altura, no seu clássico *Decline and Fall of the Roman Empire*: "Os vários tipos de culto que prevaleciam no mundo romano eram considerados todos igualmente verdadeiros pelo povo, igualmente falsos pelos filósofos e igualmente úteis pelo magistrado. Assim, por meio da tolerância, obtinha-se não só a indulgência mútua como também a concórdia religiosa" (vol. I, p. 29).

Essa imagem, porventura mítica, dos romanos perante o Além possui algo de profundamente estranho se a encaramos de um ponto de vista monológico. Nela se consagra uma espécie de razoabilidade que leva a considerar as crenças individuais irrelevantes para a política e a separar a justiça de qualquer verdade transcendente. O homem livre, o *pater familias*, pode aderir aos cultos que quiser, ou não aderir a nenhum deles, como fazem certos filósofos. A lei é omissa a tal respeito e os deuses, se acaso velam pela cidade, não constam do pacto que liga e compromete os cidadãos. Além disso, as legiões saem de Roma para dilatar o império, não para dilatar a fé. Nenhum governador vai mandatado para exterminar as crenças e costumes das gentes subjugadas: limitar-se-á a olhá-las, ou a descrevê-las com curiosidade, à semelhança do próprio Júlio César. A tranquilidade pública, enfim, exige que as interferências na vida privada se reduzam ao mínimo. Se lhes perguntassem por que toleram, os romanos poderiam retorquir com a pergunta inversa: por que havíamos de não tolerar?

Alguns séculos mais tarde, essa evidência sucumbirá, contudo, às mãos de iluminados da fé ou da razão que introduzem na cidade, para ser entronizada, a paixão pelo absoluto. Aquilo que era apenas convicção de alguns – respeitável, mas equiparada a tantas outras – transformou-se em lei das leis, fundamento dos fundamentos. A imponderável harmonia, esse fio de nada que ligava cidadãos com origens e destinos diversos, heranças e interesses distintos, foi denunciada como pura ausência, que na realidade é, e em seu lugar introduziu-se o peso de uma verdade definitiva, transcendente, indiscutível e, por isso mesmo, esmagadora das diferenças. Só então fez sentido a pergunta: Tolerar por quê?

Como vimos, é em torno dessa questão que as apologias da tolerância serão mais tarde elaboradas. Vezes sem conta invocou-se a autoridade de Deus ou a autoridade da razão para dar alguma consistência ao fio invisível com que se julga essencial religar os indivíduos e comprometer as sociedades, sem, no entanto, lhes retirar autonomia. A verdade é que nenhuma dessas tentativas se desenredou o bastante da teia de paradoxos que anda à volta da tolerância. E se a ideia, apesar de tudo, foi ganhando adeptos, deve-se muito mais a um cálculo circunstancial de custos e benefícios individuais e sociais que a qualquer imposição de normas insuscetíveis de refutação. A verdade é que, conforme escreveu, já em nossos dias, John Rawls, "do ponto de vista político prático, nenhuma noção moral geral pode fornecer a base para uma concepção pública da justiça numa sociedade democrática moderna. Com efeito, as condições sócio-históricas desta sociedade encontram a sua origem nas guerras de religião que se seguiram à Reforma e à aparição do princípio de tolerância, bem como no desenvolvimento do governo constitucional e das instituições dos grandes países de economia de mercado. Tais condições tornam muito delicado elaborar uma concepção prática da justiça política. Porque essa concepção deve ter em conta a diversidade de doutrinas e a pluralidade de ideias de bem, opostas e por vezes inconciliáveis, que são defendidas pelos membros das sociedades democráticas existentes" (1985, p. 225).

As alegações de natureza prudencial não esperaram sequer por esse veredicto contemporâneo, que evidencia toda a problematicidade de um valor carecido de fundamento não aleatório. Pelo contrário, vemo-las surgir, desde o alvor dos tempos modernos, como que a preencher as brechas entre as motivações sociais e o corpo doutrinário à luz do qual era suposto serem julgadas. Podemos agrupá-las em duas espécies: as de natureza política e as de natureza económica. As primeiras contemplam aquilo a que, em certo momento, chamou-se "razão de Estado" e apresentam-se como justificação da liberdade religiosa garantida pelos soberanos para manter a paz e a segurança dos cidadãos, seja em regime absolutista, seja em obediência a uma inspiração já liberal e democrática. Quanto às alegações de tipo económico, notar-se-á que elas fazem em geral o amálgama de dois pressupostos distintos, um sustentando que as leis do comércio não conhecem barreiras ideológicas, outro concluindo daí que a abolição dessas barreiras estimula o desenvolvimento do comércio e da economia em geral.

A razão de Estado, sempre suspeita de cumplicidade, ora com o ateísmo, ora com o arbítrio de tiranos absolutistas ou de burocracias ditatoriais, foi historicamente a primeira instância a que se acolheu o tolerantismo e, por algumas décadas, o seu garante efetivo em vários países da Europa. Em 1573, a Confederação de Varsóvia, sem ser propriamente um modelo de tolerância, suspendeu por mais de meio século as guerras religiosas na Polónia. Foi, é certo, um acordo entre a nobreza, só possível devido à fragilidade de um poder central encimado por monarcas eleitos. Foi também um acordo que não excluía a autoridade dos nobres sobre os seus súditos, mesmo em matérias de religião, e que, por conseguinte, consagrava unicamente o princípio *cujus regio, eius religio*, dando azo à criação de vários círculos de intolerância e a perseguições entre as camadas populares. Mas foi, pelo menos, um acordo que selou a autonomia da política diante da religião: "Comprometemo-nos em comum" – garantem os nobres signatários – "por nós e pelos nossos sucessores para todo o sempre [...] a manter a paz no que respeita a diferenças religiosas e a mudanças produzidas em nossas igrejas;

comprometemo-nos a não derramar sangue; [...] a não ajudar para esse efeito qualquer autoridade ou funcionário e, em vez disso, a unirmo-nos contra quem quer que pretenda derramar sangue por tal motivo" (cit. in Henry Kamen, 1987, p. 104).

O mesmo se poderia dizer do Édito de Nantes, assinado por Henrique IV em 1598, que teve o mérito de inaugurar nos tempos modernos a unidade da soberania, *de jure* e *de facto*, num Estado religiosamente não uniforme. Em ambos os casos, estamos perante vitórias dos chamados *politiques*, gente amaldiçoada por todas as ortodoxias mas que havia percebido que as penas contra os cismáticos, podendo embora eliminá-los um por um, eram incapazes de eliminar o próprio cisma. Já nos primeiros tempos da Igreja se dizia que o sangue dos mártires era semente de cristãos, e Espinosa, quinze séculos depois, haveria ainda de fazer eco, a seu "herético" modo, dessas mesmas palavras: "haverá algo mais pernicioso, repito, que considerar inimigos e condenar à morte homens que não praticaram outro crime ou ação criticável senão o pensarem livremente [...]? Ninguém, certamente, aí colhe exemplo algum, a não ser para os imitar ou, pelo menos, para os admirar" (*T.T.-P.*, cap. XX, trad. bras., p. 307).

O fato é que, a um olhar desapaixonado, a realidade e a história se impunham pesadamente. Na Antiguidade houve heresias, como o arianismo, que levaram séculos para serem extirpadas. Outras, como o nestorianismo, persistiam ainda no Médio Oriente. Mesmo para aqueles a quem não fosse dado esse conhecimento trazido da história ou de testemunhos longínquos, restava, na Europa de finais dos Quinhentos, uma situação difícil de encobrir: os chamados protestantes contavam-se por milhões e, em vários países, estavam em maioria, perseguindo intolerantemente os católicos. Insistir na guerra como via para a reunificação de toda essa gente era, já então, um absurdo que nenhum governante avisado poderia caucionar, tanto mais que, a partir do momento em que se verificou certo equilíbrio global de forças, como observa Elizabeth Labrousse, "cada um dos campos tinha interesse em não prejudicar os seus correligionários que residiam no campo adversário" (*op.*

cit., p. 84). Longe do fanatismo, que produzira efeitos tão lamentáveis quanto inúteis, longe até de qualquer preocupação pela unidade religiosa, aconselhava-se a preocupação com a unidade política, a distribuição de favores e garantias a cada grupo, de modo que todos se juntassem em torno do soberano no momento da guerra. O cardeal Richelieu compreendeu-o perfeitamente, o mesmo acontecendo com vários soberanos que vão consolidar de modo realista o mapa dos Estados europeus por cima dos cataclismos que tinham abalado o continente durante quase três séculos. No momento em que se conseguiu que os protestantes de um Estado maioritariamente católico se alinhassem com o rei contra exércitos constituídos por correligionários seus, desatara-se um dos mais intricados nós das amarras da intolerância.

Observar-se-á, e com razão, que isso não era uma verdadeira tolerância, era apenas a momentânea rendição perante uma evidência. No seu íntimo, cada uma das confissões aguardava apenas a oportunidade para se impor às restantes, visto em nada ter sido prejudicada a sua convicção, de possuir o exclusivo da verdade. Mas essa nova atitude, por si só, traduzia a sujeição do problema da verdade, pelo menos na ordem política, ao problema da gestão pacífica dos conflitos. Sem negar ainda pertinência e legitimidade ao desejo de unificar a fé, ela subordina-o à garantia de segurança e tranquilidade dos cidadãos e, desse modo, limita-lhe os meios e dilata-lhe a urgência. No preâmbulo do Édito de Nantes, Henrique IV deixa transparecer essa mesma atitude: "Possa Deus ser adorado e alvo das preces de todos os meus súditos e, uma vez que *ainda* não foi do seu agrado permitir que isso se faça da mesma forma, que seja ao menos com a mesma intenção" (cit. in E. Labrousse, *op. cit.*, p. 85; itálico nosso).

Em reforço das considerações de natureza política é normalmente invocado o papel das trocas comerciais e transações financeiras. Já durante parte da Idade Média, sobretudo até às Cruzadas, o comércio tivera força bastante para fazer aceitar os judeus em vários reinos cristãos, pese embora todo o tipo de restrições teológicas e sociais que, de uma parte e de outra, rabinos e papas ou bispos mantinham relativamente a um contato que, se excessivo, provocaria contaminações indesejadas. Sem dúvida, a religião, ao mesmo tempo que era o cimento de cada uma das comunidades, continha em si o imperativo da mútua segregação. Da doutrina aos rituais, dos textos sagrados aos modos de conduta, eram muitos os elementos identitários que sustentavam não apenas a separação, mas também o sentimento de superioridade em relação ao "outro" e, sobretudo, o ódio com fundamento religioso: o judeu via o cristão como idólatra; o cristão olhava cada um dos judeus como implicado na morte de Jesus Cristo. A economia, porém, vai ditar as suas leis e impor ajustamentos doutrinais de toda ordem. De um lado e de outro.

Do lado cristão, apesar das conhecidas vacilações e ambiguidades, predominará a tentativa de distinguir os hereges dos gentios, colocando os judeus e os árabes nesta última categoria. Assim se explica a sua presença em territórios pertencentes ao papado, mesmo depois de eles começarem a ser perseguidos pela Inquisição em vários Estados europeus. Com efeito, é São Tomás quem o diz, "a Igreja não tem que pronunciar sobre eles um juízo de natureza espiritual. Tem apenas de os julgar no plano temporal, quando, habitando entre cristãos, eles cometerem uma falta que justifique a sua punição por parte dos fiéis no plano temporal" (*S.T.*, 2.2, q. 10, a. 9). E mesmo no que toca ao exercício dos cultos em público, tal como já vimos, pode haver razões para os tolerar, se desse modo se evitar um mal (*ibid.*, 2.2, q. 10, a. 11).

Do lado judeu, o pragmatismo irá também minar aos poucos a rigidez dos preceitos que regulavam as relações comerciais com os gentios no tempo em que Israel vivia como Estado independente e os contatos com o exterior se reduziam ao mínimo. Sua situação na Europa era agora completamente diferente, uma vez que os descendentes de Israel formavam quase sempre pequenas comunidades vivendo do artesanato e do comércio, dependendo, portanto, da maioria cristã para adquirir meios de subsistência. Muito em breve, a vida cotidiana vai, pois, confrontá-los com o Talmude e todo um conjunto de normas proibindo os contatos com os não judeus em determinados dias (por exemplo, em vésperas de festas religiosas cristãs, a fim de que os judeus não colaborassem na "idolatria"), o trabalho na construção de templos de outras religiões, ou a simples aceitação de um juramento feito por um idólatra. Também aqui, a casuística irá, primeiro, distinguir os dois momentos históricos aludidos, concluindo que certos preceitos só vigoravam nos casos em que tal não implicasse danos comerciais nem impedisse o judeu de ganhar a sua vida, o que na prática os tornava caducos, agora que ele se encontrava em minoria no meio dos gentios. Mais tarde, esboçar-se-á mesmo um vislumbre de tolerância em certos textos que ensaiam uma sutil distinção entre os parceiros comerciais dos judeus na Antiguidade – inequivocamente idólatras – e aqueles com quem a nação tem de contatar na Idade Média, os quais, pesem embora as divergências motivadas pela crença na Trindade, admitem um Deus que criou o céu e a terra (cf. Katz, 1981, cap. III).

A convivência e a necessária regulação de conflitos entre as duas comunidades tinha, pois, de assentar nesse duplo registro, da tradição a manter, por uma parte, e dos interesses em jogo, por outra. A tradição evitava a dissolução de cada uma delas e a respectiva integração social, mantendo assim potencialmente ativos os focos de intolerância e exclusão recíproca. Os interesses, por seu turno, dinamizavam as linhas de aproximação possível e necessária. Mas tanto o culto do particularismo como o do relacionamento pragmático teriam de estar, em ambos os grupos, inapelavelmente fundados na respectiva doutrina religiosa, única fonte de legitimação. Daí as sutilezas e contradições visíveis na casuística posta a serviço da ratificação de práticas que o tempo, na maioria dos casos, fizera já irrevogáveis. Daí também o "duplo código ético" em que ambas as comunidades viviam: "a Igreja Católica considerava moralmente condenável o fato de alguém cobrar lucros; por conseguinte, isso estava interdito aos seus fiéis, por ser pernicioso para a sua salvação espiritual. Tal proibição, em princípio, aplicar-se-ia também aos judeus. Na prática, a sociedade consentia correntemente que eles obtivessem esse tipo de lucros, uma vez que a sua salvação espiritual não dependia da autoridade religiosa cristã. De idêntico modo, a moral judaica irá, nesse particular, desenvolver-se em dois níveis: cobrar impostos a um não judeu estava isento de repreensão; a mesma prática, se fosse entre judeus, era considerada uma transgressão da lei bíblica. Cada uma das comunidades considerava, portanto, a outra de um ponto de vista exclusivamente utilitário: a sociedade cristã, interessada na possibilidade de arranjar dinheiro, usava os judeus como instrumentos de uma atividade que ela tinha por moralmente repreensível; os judeus, cuja prosperidade econômica dependia, acima de tudo, do empréstimo de capitais, cobravam, sem excessivos problemas de consciência, juros sobre aquilo que emprestavam aos gentios, deixando as considerações morais e legalistas só para quando os empréstimos eram feitos entre judeus" (Katz, *op. cit.*, p. 85).

Esse pragmatismo cruzado que regulou durante séculos a convivência das duas comunidades, apesar dos atropelos frequentes por parte da maioria cristã, não será jamais totalmente esquecido, mesmo depois de consolidada a Inquisição no sul da Europa e generalizada a perseguição aos judeus. A verdade é que, em várias cidades da Itália, designadamente Roma, estes continuaram a ter direito de asilo e a gerir os seus negócios entre o Oriente e o Ocidente, mediante redes de sutileza ao mesmo tempo religiosa, jurídica, financeira e, evidentemente, diplomática. Já durante o século XVI, Veneza, por razões idênticas, fora insensível a todas as pressões para fechar o seu porto aos heterodoxos comerciantes da Liga Hanseática. Um século mais tarde, a crise socioeconômica verificada na maior parte dos países que entretanto ensaiaram políticas de uniformização religiosa leva a que o modelo da convivência pragmática, mesmo aí, seja invocado por alguns como remédio para sanar todos os males que surgiram com a intolerância e por inteiro lhe são imputados. As dificuldades, como é sabido, haviam sido causadas por fatores bem mais complexos e diferentes de país para país. Mas isso não impediu que a correlação entre a decadência econômica e a intolerância religiosa se tornasse um tópico quase banal na literatura política e em relatos de viagem, ao mesmo tempo que o progresso visível nas raras cidades, como Amsterdam, em que se verificava a ausência de constrangimentos de natureza religiosa aparecia como o mais poderoso dos argumentos a favor, quer da tolerância, quer até da instalação ou reinstalação dos judeus. A Inglaterra de Cromwell, a Espanha do conde-duque de Olivares, ou o Portugal do Pe. Antônio Vieira não têm nenhuma dúvida quanto às razões da supremacia comercial holandesa, que unanimemente atribuem à presença das "gentes da nação". E, se entre os povos peninsulares tal convicção não chegou para vencer as resistências sociais e religiosas que se lhe opunham, apesar de em Portugal, como na Espanha, o regresso dos judeus ter sido seriamente ponderado, o fato é que, num como em outro caso, as urgências militares e econômicas obrigaram com frequência, embora sempre a título excepcional, os soberanos a suster o braço da Inquisição e a ter perante os possíveis credores – quase invariavelmente judeus – a mesma atitude de conciliação, mais ou menos resignada, que viam praticar nos próprios Estados pontifícios.

A estagnação da economia francesa na época da revogação do Édito de Nantes será também encarada como uma prova *a contrario* em favor da tolerância, ainda que, na realidade, tivesse havido outros fatores que pesaram tanto ou mais que os de natureza religiosa para o agravo da crise. John Locke sustentava a concessão de asilo na Inglaterra aos huguenotes fugidos da França, sob o pretexto de que eles poderiam contribuir para a riqueza do país e suprir a carência de mão de obra verificada pela fuga de puritanos para as colônias do Novo Mundo (cf. Cranston, 1987). Voltaire faz idêntica associação entre a liberalidade a respeito das diversas confissões entretanto adotada na Inglaterra e a prosperidade que a Bolsa de Londres testemunha (*Lettres philosophiques*, 1734, Carta VI), tal como Espinosa, cem anos antes, já fizera relativamente à praça de Amsterdam (*T.T.-P.*, cap. XX, trad. bras., p. 308). Ao longo de todo o século XIX, e até os nossos dias, não faltam, em suma, proclamações assegurando que as várias facetas do que se considera o "progresso" – educação, inovação científica e tecnológica, industrialização, alargamentos dos mercados, acréscimo do bem-estar das populações – andariam ligadas entre si e estariam, no conjunto, relacionadas com o liberalismo das instituições, isto é, com o seu grau de tolerância, liberdade de expressão e de associação. Que existe uma estreita correlação entre as duas ordens de fenômenos parece, à primeira vista, poder depreender-se da observação sumária da história mais recente. Na verdade, e um pouco por toda parte, desenvolvimento econômico, direitos humanos e democracia liberal têm aparecido numa sucessão cronológica que sugere a existência de um razoável nexo causal. Subsistem, no entanto, várias interrogações. A primeira tem que ver com a ordem dos fatores, na medida em que, num sentido inverso àquele que pressupunham as tradicionais apologias da tolerância, alguns estudos referem principalmente a influência do desenvolvimento econômico na implantação de instituições liberais e democráticas (cf. Lipset, 1960; F. Fukuyama, 1992). Em seguida, cabe perguntar se a correlação referida constituirá realmente um nexo causal, universal e necessário, ou se estamos perante fenômenos só acidentalmente interligados. Por último, e em qualquer dos casos, restará a questão de saber qual a natureza e os limites do argumento que daí surgiria para fundamentar a tolerância.

A primeira dessas questões parece indecidível em qualquer das suas formulações de sentido único, dando por isso ocasião a testemunhos de matiz ideológico insuscetíveis de verificação adequada. Aos olhos dos teóricos dos séculos XVII e XVIII, é inegável que a tolerância das instituições anula as barreiras entre os povos e estimula o comércio. A sociologia do século XX observa, por sua vez, que uma situação de prosperidade econômica é dificilmente compatível com um Estado ditatorial. Haverá, com certeza, influências em ambos os sentidos. Dos apologistas da tolerância como condição para a expansão econômica poder-se-á, entretanto, sempre suspeitar que tomam o efeito pela causa e que a sua argumentação mais não é que um sintoma de interesses econômicos subjacentes, à luz dos quais aparecem como caducas as linhas de diferenciação social que persistem na sociedade seiscentista. Em contrapartida, aos atuais defensores de uma influência unilateral dos condicionalismos econômicos sobre a chamada superestrutura política e os modos de relacionamento institucionalmente estabelecidos poder-se-á lembrar a sobrevivência de regras arcaicas de intolerância em zonas de acentuado crescimento econômico. Um exemplo flagrante em nossos dias é a situação de alguns dos emirados árabes, onde a mais sofisticada tecnologia coabita com a intolerância no capítulo da religião, costumes e manifestação de opinião.

Tais limitações a uma suposta causalidade linear, fosse em que sentido fosse, não anulam, é certo, a verificação empírica de uma generalizada coincidência das duas ordens de fatores que vimos referindo. Como escreve Fukuyama, "em todo o mundo, subsiste uma correlação global muito forte entre o desenvolvimento da modernização socioeconômica e a emergência de novas democracias" (*op. cit.*, trad. port., p. 123). As explicações avançadas para essa correlação girariam em torno de três argumentos, ainda segundo o mesmo autor. O primeiro, proposto por Talcott Parsons, pretende que só a democracia é capaz de lidar com o gênero de conflitos sociais produzidos por uma economia moderna; o segundo alega que o avanço tecnológico induzido pela sociedade desenvolvida acelera a derrubada das ditaduras, em geral assentadas numa "autoridade carismática" e não dispondo de meios para se prolongar após a morte do fundador; o terceiro, finalmente, considera que a modernização implica o aparecimento de classes médias e estas, por seu turno, exigem participação política. Em qualquer dos registros, a argumentação pressupõe, no entanto, um nexo de natureza causal que os fatos estão longe de secundar integralmente. Há tipos de conflitualidade que perduram nas sociedades modernas e com os quais as instituições democráticas ainda não demonstraram saber lidar satisfatoriamente, tais como a conflitualidade racial ou os simples conflitos entre nações; as democracias surgidas como trégua na luta entre candidatos à sucessão de ditadores, de esquerda ou de direita, continuam frequentemente fragilizadas, sem implantação na profundidade do tecido social e servindo apenas para esconder os verdadeiros poderes que se digladiam na sombra; a lógica do processo de industrialização e desenvolvimento não impõe a preferência pela democracia e tudo parece, pelo contrário, demonstrar que uma conjugação da economia de mercado e da política autoritária levaria a índices de crescimento insuperáveis (cf. Fukuyama, *op. cit.*, cap. X).

Identificar a natureza e o sentido de interinfluências como essas, globalmente comprovadas mas não destituídas de um significativo grau de indeterminação e complexidade, revela-se, pois, altamente aleatório. Nessa medida, tentar apoiar a justificação da tolerância no pressuposto da sua correlação com a prosperidade econômica equivaleria a justificá-la unicamente nos casos em que não existisse outro meio mais eficaz para atingir esse fim. A China de hoje, por exemplo, tal como fizeram outros Estados ao longo dos últimos séculos, justifica a intolerância com o tradicional argumento da tolerância, a saber, que ela é necessária para o desenvolvimento e a obtenção de melhores níveis de bem-estar. De idêntico modo, Luís XIV revogou o Édito de Nantes invocando a segurança do Estado, precisamente o mesmo argumento que servira a Henrique IV no momento da sua promulgação. E tanto Hobbes como Locke referem a paz e a segurança dos cidadãos como pretextos para sugerir, o primeiro, que se recuse a liberdade de religião e de opinião, o segundo, exatamente o contrário, ou seja, que se institucionalize a tolerância.

A busca de uma fonte de legitimação da tolerância parece, pois, sistematicamente votada a oscilações de contingência, esbarrando no final de qualquer dos seus itinerários possíveis com a natureza hipotética, provisória e equívoca daquilo que se tomara por fundamento definitivo. Longe de poder escorar-se em alguma transcendência e deduzir-se apoditicamente, a tolerância remete, antes, para vínculos circunstanciais, sem chegar a projetar-se para além de um contexto espaciotemporalmente determinado. Seu fundamento, aliás, não é outro senão essa mesma ausência de fundamentos absolutos que se levanta entre um indivíduo e outro, entre uma cultura e outra, condenando por injustificado qualquer tipo de exclusão com base na natureza, na história ou nas convicções. Uma vez reconhecido o estatuto imanente da verdade, ou seja, afastada a hipótese de ela se inscrever num plano impessoal e constrigente, igual ao da matemática e da lógica, aos valores religiosos e morais não restará outra base que não seja o consentimento intersubjetivo, mais ou menos alargado, mais ou menos argumentado. Consequentemente, a vida social tolerante, a coabitação da diferença na *pólis*, só é possível mediante instituições que preservem a condição efêmera das verdades na esfera pública e previnam contra o potencial de intolerância que nelas se abriga.

Daqui deriva também o clássico dilema do liberalismo, entre a neutralidade absoluta, que remete as instituições e a lei para o estatuto de mero quadro processual, e a postulação de valores universalmente vinculativos, apesar da sua reconhecida dependência de uma estrutura sociocultural, geográfica e historicamente circunscrita. Em boa verdade, uma parte da discussão em torno deste assunto ou se limita a um nominalismo de escasso interesse, ou encara as diversas culturas e a pluralidade de valores à semelhança de geometrias alternativas, as quais, como notou Rorty, são "irreconciliáveis porque possuem estruturas axiomáticas e axiomas contraditórios" (1988, p. 51). O que está aqui em causa não é, de fato, algo da ordem do axiomático e do racional, mas do simplesmente razoável. Trata-se apenas de evitar que as "opções de vida", livre e racionalmente escolhidas por cada um, se sobreponham ou se anulem pela violência que encerram a partir do momento em que se cristalizam em dogmas. Trata-se, enfim, de escolher as regras de uma *ortopraxia*, em lugar de impor os postulados de uma *ortodoxia*. Só com essa ressalva, e deixando claro que nos restringimos à indigitação de normas de compossibilidade para valores irredutíveis, será possível contrariar, como faz Steven C. Rockfeller, a opinião de que o liberalismo é "moralmente neutro diante das diversas concepções do bem" e aceitar que a democracia liberal "contém em si uma ideia substantiva de bem", "sinônimo de respeito e abertura a todas as culturas, mas é também um desafio a que todas elas abandonem os valores intelectuais e morais inconsistentes com as ideias de liberdade, igualdade e busca progressiva e cooperante da verdade e do bem-estar" (in Taylor, 1992, pp. 91-2).

Como fundamentar, efetivamente, essa superioridade da opção liberal, para que ela não se reduza a uma simples manifestação do impulso para impor aos outros as nossas próprias crenças e modos de julgar, impulso típico das opções informadas por corpos de doutrina que rotulamos de intolerantes? A natureza e os limites da racionalidade inibem a proclamação de normas substantivas com caráter universal e enclausuram no espaço de uma cultura e numa rede específica de procedimentos justificativos a própria exigência da universalidade que a razão tolerante alimenta. Os valores de que se constitui a sociedade liberal e democrática não são, por isso, o fruto de uma evidência racional: são, pelo contrário, o fruto de um conflito de evidências, a lição duramente colhida na guerra entre opiniões contraditórias. À força de experimentar os resultados do combate por verdades imutáveis e bens indiscutíveis, a Europa foi-se tornando receptiva à consideração da contingência e da particularidade em que se traduz sempre o pensar e o agir humano, abandonando ao mesmo tempo a pretensão de legislar na esfera pública sobre convicções. O reconhecimento da liberdade é a consagração do irrepetível de cada pessoa e de cada gesto individual. A partir daí, afastada a transcendência da lei, o problema político passará a ser o da definição do justo e a busca de critérios equitativos em que se manifestem a igualdade de direitos e a reciprocidade de deveres. Como vimos, não existe nenhuma instância de onde deduzir tais critérios. Mas há, pelo menos, a forte convicção, fundada na experiência, de que eles são razoáveis, de que, por exemplo, convém a uma sociedade pôr entre parênteses e remeter para o foro individual as decisões quanto a matérias sabidas intuitivamente, através de uma história às vezes de séculos, que não podem ser objeto de unanimidade. A isso chamou Aristóteles, na *Ética nicomaqueia*, a *phrónesis*, a virtude da prudência, que consiste numa disposição prática para encontrar a regra que deve presidir à escolha das atitudes e à justiça dos critérios.

De acordo com essa sua natureza não teorética, a prudência adere à particularidade, leva em conta o individual e o contingente. Pela mesma razão, numa e noutra das suas margens podem-se apontar, respectivamente, o conservadorismo e o relativismo, o horror à mudança e a total impossibilidade de julgar os atos alheios. Mas a prudência define-se como disposição para evitar qualquer desses escolhos e como premissa de onde se deduzem as verdades e a tolerância, mesmo recorrendo, como vimos, à argumentação nem sempre inequívoca de um ponto de vista lógico. Se, por um lado, ela dita a necessidade de eliminar o arbítrio, por outro dita a necessidade de se chegar a consensos práticos, de modo a estabelecer aquilo a que Ricoeur (1991, p. 303) chamaria um "consenso conflitual" entre indivíduos diferentes inseridos em tradições diferentes. A tolerância não é senão esse consenso, intrinsecamente precário, que surge no lugar declarado vago após o exílio das ortodoxias.

Terceira parte

Tolerar o quê?

9
Os limites da tolerância

A tolerância representa-se como uma espécie de margem ou intervalo entre o que a lei e os costumes aprovam e aquilo que aparece como inaceitável perante normas comumente aceitas. Vimos como essa margem se consolidou, retirando progressivamente à lei uma parte dos seus conteúdos tradicionais, a começar por aqueles que se prendiam a matérias religiosas. O problema aí detectado poder-se-ia caracterizar como uma investigação dos modos de legitimar esse espaço ambíguo ocupado por coisas ao mesmo tempo ilícitas e admitidas. Mas a tolerância não se esgota nessa formulação, por assim dizer, clássica. Muito pelo contrário, aquilo que porventura constitui hoje o mais pertinente a tal respeito, pelo menos naquelas sociedades em que a ideia se banalizou e se confunde com uma indiferença paredes-meias com a anomia, são as razões da suspensão da tolerância a partir de certos limites. Com efeito, se se toleram alguns modos de ser, pensar e agir, por que motivo se não toleram todos? O que justifica a fronteira entre coisas "más" que são toleradas e coisas igualmente "más" que se consideram intoleráveis?

A opinião comum é nesse caso secundada por qualquer uma das apologias clássicas da tolerância, que incluem sempre um capítulo em que constam, mais ou menos discriminadas, as restrições a fazer na aplicação da tolerância. John Locke resume em quatro pontos aqueles que terão sido, ao longo dos séculos XVI e XVII, os limites tácita ou explicitamente admitidos por todos os autores que referem o assunto. Em primeiro lugar, diz o autor de *A Letter Con-*

cerning Toleration, "nenhum dogma oposto à sociedade ou aos bons costumes deverá ser tolerado pelo governante". Segundo, não se devem tolerar os indivíduos que "atribuem aos fiéis ortodoxos (ou seja, a eles mesmos) qualquer privilégio e poder sobre os demais em assuntos civis e que, a pretexto da religião, reclamam para si autoridade sobre estranhos à sua comunidade eclesiástica". Só em terceiro lugar Locke refere a mais comentada das restrições por ele postas à tolerância, a saber, aquela que atinge os católicos romanos: "não pode ser tolerada pelo magistrado uma Igreja na qual todos os que lá entram passam a ser súditos de um outro príncipe, uma vez que desse modo o governante estaria permitindo que se estabelecesse no seu próprio país jurisdição estranha e que os seus próprios cidadãos se alistassem contra a sua pátria". A questão é para Locke suficientemente importante para ter de esclarecer que "uma superficial e falsa diferença entre a Corte e a Igreja não resolve nada, especialmente quando uma e outra estão igualmente sujeitas à autoridade absoluta de uma só pessoa que tem o poder de persuadir daquilo que muito bem quiser os membros da sua Igreja, recorrendo inclusive à ameaça da condenação eterna". Por último, fazendo eco uma vez mais de doutrina relativamente consensual na época, a *Epístola* refere que "de nenhum modo podem ser tolerados os que negam a existência de Deus, visto que para o ateu os juramentos, pactos e promessas, que são laços da sociedade humana, não podem constituir nada de estável e santo" (ed. 1963, pp. 45-7).

Voltaire, por sua vez, dedica o capítulo XVIII do *Traité sur la tolérance* a analisar "os únicos casos em que a intolerância é de direito humano". Sua ideia a esse respeito, claramente explicitada no primeiro parágrafo, dispensa comentários: "Para que um governo não tenha o direito de punir os erros dos homens, é necessário que esses erros não sejam crimes; eles só são crimes quando perturbam a sociedade: e perturbam a sociedade a partir do momento em que inspiram o fanatismo; é, portanto, necessário que os homens comecem por não ser fanáticos para merecerem a tolerância" (ed. 1989, p. 121).

Num registro marcadamente político, o artigo da *Encyclopédie* dedicado ao tema apresenta, logo na cabeça da lista dos "intoleráveis", todos "os dogmas contrários à sociedade civil". E explicita a seguir: "em particular os ateus, que tiram aos poderosos o único freio que os detém e aos fracos a sua única esperança, que minam as leis humanas retirando-lhes a força que lhes advém da existência de uma sanção divina". Pelo mesmo motivo, segundo o autor, não se deveriam tolerar os que "a pretexto da religião atentam contra a propriedade dos particulares ou dos próprios príncipes", e bem assim aquelas seitas que "submetem os respectivos membros a uma dupla autoridade [...] e se dispõem a sacrificar a sociedade geral aos seus interesses particulares" (1765, p. 394).

Dir-se-á, e é um fato, que tais exemplos ocorrem ainda num contexto cultural e politicamente iluminista, em que a deliberada redução dos poderes de natureza religiosa caminha junto a um reforço do poder central e uma concepção dirigista do Estado, contra os quais se insurgirá, mais tarde, o verdadeiro espírito liberal de, por exemplo, um Stuart Mill: "o indivíduo" – escreve este – "não pode ser obrigado a fazer ou deixar de fazer uma coisa porque isso será melhor para ele, porque o há de fazer feliz, ou porque, na opinião dos outros, seria assim mais acertado ou mais justo". No entanto, o mesmo Stuart Mill, apesar das advertências que faz contra as intromissões do poder e da chamada opinião pública na esfera privada, declara como propósito fulcral do seu ensaio o seguinte princípio: "o único fim pelo qual a humanidade é autorizada, individual ou coletivamente, a intervir sobre a liberdade de ação de qualquer dos seus membros é a proteção de si mesma. Só no caso de ser necessário impedir que um dos membros de uma sociedade civilizada prejudique os outros é que, legitimamente, se poderá usar a força contra ele" (*op. cit.*, p. 68).

Essa passagem de Stuart Mill tem a virtude de delimitar o horizonte no interior do qual o problema, ainda hoje, é frequentemente pensado. Num tal horizonte, o impossível de tolerar resumir-se-ia àquilo que causa dano a alguém ou, muito simplesmente, que interfere com a liberdade e a tranquilidade de outrem. Como a religião que cada um pratica, a etnia a que pertence, ou o seu modo de vida, em princípio, não prejudicam ninguém em particular nem o funcionamento global da sociedade, tudo isso deve tolerar--se. Resta, no entanto, a pergunta: de que espécie de danos e prejuízos se está falando? Serão apenas danos físicos? Impossível, uma vez que os danos morais poderão igualmente ser tidos como intoleráveis. E em que momento é que a ofensa deixará de ser tolerável? Quem o define? A principal dificuldade está em que o princípio pode sempre ser reversível, designadamente nas situações em que for legítimo interrogarmo-nos se é razoável alguém declarar intolerável e fora dos seus limites de tolerância uma coisa que outros, muitos ou poucos, entendem dever ainda ser tolerado. Nessa matéria, as escalas de sensibilidade individual serão sempre incomensuráveis e a aparente facilidade do critério enunciado por Stuart Mill desvanece-se perante a concreta multiplicidade de regras de conduta e maneiras de sentir convergentes numa sociedade formada por aglutinação ou mera justaposição de raças, credos e culturas. Aqui, o dilema será sempre o de evitar, por um lado, que a coesão social se rompa e abra espaço à irrupção da intolerância, por outro, que essa mesma coesão seja alçada a critério exclusivo e justifique, assim, a "tirania da maioria", que não é senão um outro nome da intolerância.

Karl Popper, como já vimos, é particularmente sensível a essa questão e insiste frequentes vezes na necessidade de limitar a tolerância. Entre as várias formulações que podem encontrar-se da sua ideia a esse respeito, a mais explícita é decerto a que nos aparece numa conhecida anotação aos "paradoxos da liberdade e da democracia" evidenciados por Platão. Popper fala aí de um outro paradoxo "menos conhecido" e que se traduz no fato de "a tolerância ilimitada conduzir ao desaparecimento da tolerância". Na verdade, acrescenta o autor, "se nós estendermos sem limites a tolerância até àqueles que são intolerantes, se não estivermos preparados para defender uma sociedade tolerante contra os assaltos do intolerante, então o tolerante e a tolerância serão destruídos [...]. Deveríamos portanto defender, em nome da tolerância, o direito de não tolerarmos o intolerante. Deveríamos afirmar que todos os movimentos que pregam a intolerância se colocam a si mesmos fora de lei e considerar o incitamento à intolerância e à perseguição como criminoso, da mesma maneira que consideramos criminoso o incitamento ao assassínio, ao rapto ou à reintrodução do comércio de escravos" (1966, I, p. 265).

À sociedade tolerante assistiria, por conseguinte, o direito, que Popper considera racionalmente fundado, de não tolerar a intolerância. A aplicação de tal direito implica, porém, que haja um critério universalmente acessível e evidente para separar as águas. Não sendo assim, a definição dos limites da tolerância permanece entregue ao arbítrio dos que presumem saber claramente o que é tolerável e poder identificar o intolerante. No fundo, repetem-se aqui dificuldades semelhantes às que referimos a propósito de Stuart Mill. Declarar uma ação como intolerante ou um texto como incitamento à intolerância é sempre um juízo, uma interpretação. Pressupõem-se, pois, valores e perspectivas que remetem para contextos culturais e que nunca se apresentam como enunciados de significação unívoca, conforme exigiria, na citada opinião de Dascal, a "semântica ingênua de Popper". Só numa tal semântica é que "as 'significações' (que incluem o 'conteúdo' das afirmações, teorias, normas de conduta, etc.) possuem uma existência objetiva, independente do uso que delas é feito e da forma pela qual são expressas" (1989, p. 19).

A ingenuidade da semântica de Popper é, no entanto, a condição indispensável para que a "sociedade aberta" se presuma como um conjunto de regras inquestionáveis como modelo de organização racional e, consequentemente, superior a qualquer uma das metamorfoses do "tribalismo", com direito até a perseguir os seus "inimigos". Tais regras seriam, por assim dizer, as condições de possibilidade da democracia liberal, e o fato de alguém não as aceitar colocá-lo-ia fora do seu espaço de aplicação e implicaria que se lhe retirasse a liberdade. Levando à letra tais pressupostos, aos partidos políticos e às pessoas que sustentam ideologias contrárias à sociedade liberal e democrática deveria ser negada a liberdade de expressão e organização, uma vez que eles nem sequer fazem segredo, no caso de grupos fascistas ou comunistas, por exemplo, de que suprimiriam o regime de liberdades em vigor, caso conquistassem o poder. Nessa altura, porém, como demonstra também Dascal, os argumentos da sociedade aberta seriam "estritamente paralelos" àqueles com que Mao Tse-Tung pretende que todas as contradições no seio do povo devem ser resolvidas por métodos democráticos, embora as contradições "antagônicas" entre o povo e os seus inimigos só se resolvam por métodos ditatoriais. De novo, e sempre em nome da razão, o que se nos depara é a divisão entre nós e os outros, entre os amigos e os inimigos, exatamente a divisão característica do tribalismo que a racionalidade era suposto suprimir (*ibid.*, p. 12; cf. igualmente 1980, pp. 95-7).

Aquilo para que Dascal vem chamar a atenção é o fato de a interpretação ser um "processo global" em que entram não apenas as regras da linguagem e a totalidade da lógica, mas também as crenças e a situação de quem interpreta. Tal como acontece com a ciência, a interpretação consiste "na formulação de hipóteses como quaisquer outras, sujeitas à mesma indeterminação essencial, de modo que a 'correção' de dada interpretação jamais é fixada de uma vez por todas" (*ibid.*, p. 24). Em consequência, os limites à tolerância não assentam em quaisquer premissas racionais universalmente significantes e pertinentes: são, pelo contrário, o resultado da história em que se geraram os pressupostos com que interpretamos os enunciados e os gestos dos outros. Como resultado, ou seja, como estruturação sedimentada de "razões", eles prefiguram uma espécie de elemento formal ou condição de possibilidade de toda a apreciação/valorização, a qual se opõe a um relativismo absoluto e, ao mesmo tempo, faz que seja ilusória e utópica uma tolerância sem limites como a que estaria subjacente à simples "igualdade na diferença"; como resultado da história, os limites desvelam, porém, a sua condição intrinsecamente precária, sempre sujeitos a revisão e sempre contaminados pela perspectiva de quem os interpreta.

Sobre esse aspecto, a opinião de Bayle está talvez mais próxima de nós do que boa parte do que foi dito a seguir, durante perto de três séculos. Ele sabe que a tolerância é impensável sem limites, mas estabelece uma distinção entre a não tolerância e a intolerância. Esta representa a defesa da conversão forçada e da necessidade de optar entre a "verdade" e a morte; aquela é o direito de fazer leis, numa base pragmática, de modo a manter o Estado e a sociedade em segurança e a salvo das "doutrinas que levam à sedição, ao roubo, ao crime e ao perjúrio". Mesmo contra os católicos, Bayle defende que as leis "não devem ter em vista forçá-los a deixar a sua religião, mas precaver contra os seus atentados" (ed. 1989, pp. 245-6). Quem respeita as leis não pode ser molestado por causa das suas convicções, sejam elas quais forem. Porque "há ocasiões em que os sentimentos medianos são os melhores e as duas extremidades viciosas. É mesmo muito frequente. Nesse caso, porém, é impossível encontrar o justo meio: é preciso ou tudo ou nada. Não se podem ter boas razões para tolerar uma seita se elas não forem boas para tolerar uma outra (*ibid.*, pp. 271-2).

Intérpretes há para quem a posição de Bayle equivale a fazer depender a tolerância da equidade do príncipe e não de um direito inalienável, tão inalienável como os direitos que ele atribui à consciência. O autor do *Commentaire* seria, assim, vítima da sua teoria política absolutista, inversamente a outros teóricos e mesmo certas repúblicas – Amsterdam, por exemplo – onde a afirmação prioritária da liberdade do indivíduo, nessa altura, se tornava já por pilar de toda a construção política (cf. Labrousse, 1964, t. II, pp. 552-3). É, no entanto, visível que aquilo que leva Bayle a virar-se para o príncipe constitui já um segundo momento da questão. O direito a ser tolerado está para ele fora de discussão; o problema agora é o da compossibilidade das crenças. E aqui, nesse plano que já não é simplesmente religioso ou ético mas político *stricto sensu*, o fundamental e o prioritário é definir a não tolerância, ou seja, os limites da tolerância, limites esses que se originam apenas do razoável, não do racional: "se queremos ser razoáveis" – diz Bayle – "é absolutamente necessário estabelecer uma espécie de direito das pessoas entre todas as religiões, direito ao qual a boa religião esteja sujeita, tal como as falsas" (cit. in Labrousse, *ibid.*, p. 526). Em termos públicos, a tolerância carece em absoluto desse mesmo direito, que, para subsistir, terá de ser soberanamente fixado.

10
O intolerável

Conforme sublinha Ricoeur (*op. cit.*, pp. 294-331), a palavra *intolerável*, à semelhança do que acontece com a tolerância, é igualmente ambígua. Tanto pode referir-se à totalidade dos atos, atitudes e crenças puníveis num sistema assumidamente intolerante, abarcando então, no limite, toda e qualquer divergência com o modo de pensar e de agir ratificado pela lei e os costumes, como resumir-se a um resíduo de intolerância considerado necessário para que um sistema globalmente tolerante funcione. Em síntese, tanto pode traduzir a palavra de ordem do intolerante como o grito da tolerância diante do que ela já não pode abarcar porque ultrapassa os seus limites. O problema ou, se preferirmos, a verdadeira dificuldade está, como já vimos, na identificação desses limites, na definição de um critério pelo qual distinguir o intolerável do tolerável, sendo que, ao menos na concepção tradicional da tolerância, aquilo que se tolera é já um erro ou um mal, embora ainda não o seja em grau suficiente para ser declarado intolerável.

Ao contrário do que poderia parecer, a recusa da transcendência dos valores não anula tal dificuldade, antes a eleva, desapossando o indivíduo de qualquer matriz exterior a que recorrer e tornando-o solitariamente responsável perante cada um daqueles a quem pode tolerar ou não. Mais do que no conforto de uma lei que se tem como indiscutível e a partir da qual o exato limite da tolerância, o momento em que ela deixa de ser caridade para passar a ser laxismo, seria uma questão a decidir casuisticamente, no espaço abarcado por uma lei pensada como um pacto entre indivíduos iguais, o intolerável é imposto e exposto sem mediação. Nenhum versículo ou parábola poderá agora invocar-se para justificar a intolerância. A própria racionalidade, ao ser atravessada, no mínimo, pela suspeita de contigentismo, dá lugar a que se alegue a incomensurabilidade dos quadros de valores e coloca, assim, o intolerável como que suspenso de um decisionismo individual ou coletivo.

O intolerável, todavia, não se nos apresenta sob essa figura próxima do arbítrio, nem é isso o que julgamos dizer ao declararmos intoleráveis, antes de mais nada, os abusos de poder, a recusa das liberdades, direitos e garantias que temos por inerentes à condição de cidadãos. Exatamente porque as normas já não são encaradas como transcendentes, mas de modo construtivista, recusar tais direitos equivale a obstruir as vias de discussão e a busca de consensos, ou seja, a violar aquilo que Rawls designa por "regras de ordem", as regras em que se traduz, no plano institucional, a razão tolerante. Estamos, portanto, em um nível já não de verdade mas sim de justiça. A verdade, ou as verdades, à semelhança do que Jefferson e outros liberais aconselhavam que se fizesse com as crenças religiosas, deve ser posta de lado, não porque se saiba que é impossível, mas por ser irrelevante do ponto de vista político. A justiça, pelo contrário, ao assegurar a igualdade de todos perante a lei, revela-se como condição indispensável para que ninguém se aproprie desta a ponto de declarar intolerável a crítica. As "regras de ordem" encarnam, por isso, as condições de funcionamento do Estado de direito, ou seja, de um Estado que é neutro em matéria de verdade e está, assim, em condições de garantir, como diz Ricoeur, a justa "arbitragem das pretensões rivais" (*op. cit.*, p. 300). A ausência de uma verdade oficial indiscutível é a primeira condição da tolerância. Claude Lefort, aliás, já evidenciara como essencial à democracia a separação entre o poder, o saber e a lei, e bem assim o concomitante perigo, o intolerável, representado aqui pela afirmação cruzada de um poder que se arrogue o saber ou de um saber secundado pelo poder (1981, pp. 65-8).

Tal separação, é certo, permanece um ideal, o que não quer dizer uma utopia. Na realidade, o Estado, que para ser verdadeiro árbitro e assegurar a justiça deveria encarnar apenas a isenção dos mecanismos processuais, está permanentemente em risco de ser submergido por convicções particulares confundidas com "regras de ordem". Parafraseando Bayle, a cada legislador, a cada grupo dominante, a sua evidência (a sua crença, os seus interesses...), o que torna sempre presente o risco de alguém tentar metamorfosear em lei geral os reflexos dessa evidência particular. Entre o Estado tendencialmente confessional e o Estado isento e neutro que a tolerância exigiria, a tensão é constante. Daí que o princípio que preside a este último se defronte com objeções de vária índole. Primeiro, é fácil, frequente mesmo, identificá-lo com uma espécie de tolerância radical e agnóstica, um "relativismo mole", para utilizar a designação de Alain Bloom, que acabaria, no limite, por relativizar as condições da própria tolerância. Num registro um pouco menos enfático, atribui-se-lhe ainda uma espécie de consagração da ordem vigente, seja ela qual for, porquanto, na impossibilidade de invocar critérios e valores substantivos, deixaria de fazer sentido a insatisfação e revolta perante qualquer situação, por mais injusta e intolerável. Por outro lado ainda, faz-se notar que a identidade individual só se realiza por meio da integração e do enraizamento prévio numa cultura específica, razão pela qual o respeito pelo indivíduo, tal como é apresentado na doutrina liberal e democrática, requer, antes de tudo, o respeito pela tradição cultural a que ele pertence. Finalmente, argumenta-se que aquilo que os liberais descrevem como o princípio da não descriminação, ou seja, a consideração dos indivíduos independentemente da sua ascendência e inserção cultural, é uma norma de conduta inextricavelmente ligada à civilização ocidental dos últimos três séculos, sem legitimidade, portanto, para se impor universal e hegemonicamente, além de contraditória com a própria definição de neutralidade e agnosticismo que o próprio modelo reivindica. Vejamos, um pouco mais detalhadamente, as principais objeções aqui expressas.

No que toca, em primeiro lugar, ao "agnosticismo" do Estado, é necessário ter em conta que esse agnosticismo não exclui a existência de convicções profundas no interior da sociedade, das quais, aliás, é condição necessária e cujo confronto arbitra de modo a que ele se contenha no espaço delimitado pelas leis de uma reciprocidade racional. Precisamente porque detém o monopólio da violência legítima, é suposto o Estado apresentar-se como puro garante das regras do jogo, destituído, por conseguinte, de convicções que o obriguem a tomar partido por uma qualquer facção, majoritária ou minoritária, ou seja, a perseguir ou prejudicar as restantes. Espinosa, ao atribuir ao Estado como função exclusiva a defesa da liberdade individual, em vez da defesa da fé ou do bem que a tradição pré-moderna lhe atribuíra, deixou, de uma vez por todas, definido o núcleo essencial da tolerância. Ao Estado exige-se apenas que crie as condições para que os indivíduos apresentem, discutam e promovam aquilo que consideram ser o bem, para si mesmos ou para a comunidade, e que ao mesmo tempo evite que essa discussão provoque danos (princípio de Stuart Mill) ou seja interdita (princípio de Popper).

O modelo assim definido pressuporia, como é óbvio, que a sociedade se reduzisse a um conjunto atomizado de indivíduos identificados apenas como sujeitos de direitos universais. Longe, porém, dessa representação mais ou menos abstrata, recortam-se no interior do seu espaço, teoricamente aberto e transparente, opacidades de vária natureza, porquanto os indivíduos se reclamam de diferentes "opções de vida", em torno das quais estão agrupados, configurando assim a multiplicidade de credos, etnias, tradições, costumes e culturas que caracteriza, hoje, boa parte das sociedades, ao menos no mundo ocidental. Um ponto de vista estritamente liberal, à maneira de Popper, tendera a ver aqui reminiscências de tribalismo e condicionantes ilegítimas à afirmação da liberdade do indivíduo. Em contrapartida, os arautos do multiculturalismo exigirão que a tolerância contemple, além ou mesmo antes das pessoas individualmente consideradas, todas essas formas particulares de cultura, às quais o Estado deveria garantir condições de sobrevivência e proselitismo como grupos que resistem à homogeneização decorrente da existência de um grupo hegemônico. Boa parte da questão da tolerância nas sociedades contemporâneas reduz-se, praticamente, à determinação da fronteira até onde é possível aceitar as implicações do multiculturalismo sem abdicar dos princípios-limite do único modelo político em que o pluralismo de culturas é pensável e aplicável. Vê-lo-emos no capítulo a seguir.

Porque existem, de fato, princípios cuja não aceitação terá de declarar-se intolerável, ao contrário do que poderá concluir, no limite, a lógica dos que defendem o igualitarismo de todas as culturas envolvidas. Em primeiro lugar, é necessário que o princípio da liberdade individual seja absolutamente respeitado, contra a tendência de vários grupos culturais que aponta, como é sabido, em sentido inverso. Já em pleno século XVII, na então chamada "República da tolerância", as autoridades de Amsterdam se davam conta, razoavelmente indignadas, de que a proteção que concediam às comunidades judaicas fugidas da Inquisição da Península Ibérica ou vindas da Europa Central se traduzia, por vezes, numa confiscação de direitos e liberdades individuais aos cidadãos submetidos à lei que a sinagoga ditava (cf. C. M. de Vasconcelos, 1922, p. 102). E o próprio Stuart Mill, que considerava extravagantes as ideias dos mórmons, tal como a poligamia por eles praticada em comunidades isoladas, e que dizia ser "difícil descobrir por que princípios a não ser os da tirania eles podem ser estorvados de ali viverem debaixo das leis que lhes apraz", não deixou de explicitamente acrescentar a ressalva: "contanto que não cometam agressão nenhuma às outras nações e deixem inteira liberdade de se retirar àqueles que estejam descontentes com os seus costumes" (*op. cit.*, p. 161). A primeira e principal questão é, por conseguinte, a da prevalência de uma lei geral que se aplique a todo o universo dos cidadãos, transversalmente à pluralidade de culturas que o integram e que tendem, por sua vez, a substituir-se à própria lei, vigiando e punindo com sanções as mais variadas a desobediência perante cânones que não coincidem com a lei geral e não contemplam a devida margem para a livre decisão individual.

Em segundo lugar, o princípio da liberdade do indivíduo tem implicações éticas que não se podem ignorar, mesmo sabendo que elas fazem parte de um modelo de sociedade geneticamente circunscrito do ponto de vista histórico – a sociedade liberal e democrática – e que, por conseguinte, tomá-las por normas universais quando delas se não possui uma adequada fundamentação é incorrer no etnocentrismo. Por muito que o relativismo o declarasse e pretendesse, seria difícil, senão impossível, o indivíduo inibir-se de pronunciar qualquer juízo desfavorável sobre práticas que a sua sensibilidade e discernimento consideram aberrantes. Perante o genocídio, ou a segregação racial, perante a mutilação das mulheres ou a exploração sexual das crianças, perante o assassínio de inocentes em atentados terroristas ou as ameaças de morte a Salman Rushdie, seria absurdo que as instituições democráticas estivessem impossibilitadas de atuar e tomar medidas, por deferência para com uma eventual fundamentação – reconhecida ou simplesmente alegada – de tais práticas em tradições e convicções antigas, porventura mais antigas que o próprio Estado, ao menos na sua versão agnóstica e neutral que começou a esboçar-se em princípios do século XVII. Vista a partir de um relativismo assim, que parece esquecer a condição histórica e, portanto, relativa das tradições e costumes, a tolerância equivaleria a uma renúncia a tudo quanto de mais essencial definiu o seu trajeto, ou seja, uma renúncia aos direitos do indivíduo como tal.

Acontece que as instituições liberais e democráticas se presumem defensoras tanto do indivíduo como da comunidade em que ele se integra e com a qual se identifica, devendo, portanto, conjugar, no limite, a proteção a Rushdie, intolerável aos olhos de alguns integristas, com a proteção das comunidades muçulmanas que o ameaçam de morte, intolerável diante de um liberalismo estrito. Em termos pragmáticos, a solução passará por tolerar as comunidades sem tolerar as ameaças. Mas é necessário ter em conta que, ao proceder assim, estamos de fato colocando a identidade do indivíduo como ser humano e detentor de direitos universais acima da sua identidade como membro de determinado grupo cultural ou étnico. Na medida em que a atitude do integrismo decorre logicamente dos princípios que estruturam pelo menos algumas das comunidades muçulmanas, contrariar tal atitude é sobrepor uma tradição de liberdade de pensamento a uma outra em que prevalece a crença coletiva. Steven C. Rockfeller manifesta-se claramente favorável a essa opção quando afirma que "a nossa identidade como seres humanos é a nossa primeira identidade" e que, portanto, "elevar a identidade étnica, que é secundária, a um estatuto igual ou superior em significado à identidade universal da pessoa é enfraquecer os fundamentos do liberalismo e abrir as portas à intolerância" (in Taylor, *op. cit.*, p. 88).

Escusado será dizer que estamos, ainda aqui, diante de convicções e preferências. Tal como acontece com todas as outras, a cultura liberal e democrática não nasceu do nada, fruto de uma súbita inspiração. Pelo contrário, o seu núcleo interior traz também as marcas de uma genealogia, na qual se confrontam interesses, valores e perspectivas, acabando por triunfar aquilo a que veio chamar-se de individualismo. A única diferença está em que essa cultura coloca no centro da sua axiologia o reconhecimento dessa mesma historicidade e, por conseguinte, desautoriza qualquer tentativa de negar a conflitualidade que lhe é intrínseca e voltar, assim, ao dogma imutável. Por isso, ela se traduz essencialmente pelo "consenso conflitual" de que fala Ricoeur.

O horizonte de tal consenso poderá evoluir e é sabido que ele se define hoje em termos diferentes daqueles em que se definia no século XVIII, abarcando agora costumes e condutas morais que seriam intoleráveis perante a cultura tolerante de duzentos anos atrás. Mas na sua base estará sempre o pressuposto do valor irredutível do indivíduo, sujeito de direitos. E por muito que o enunciado desses direitos esteja histórica e mesmo geograficamente circunscrito, é da sua essência, como ideia reguladora, julgar universalmente intolerável o sacrifício do indivíduo, ou seja, o excluir-se alguém do universo regulado pela regra da mútua presunção da liberdade e pelo mútuo respeito que tal presunção implica.

Quarta parte

Como tolerar

II

O sentido comum
e a reciprocidade dos lugares

Em certa medida, a teologia negativa de Plotino, ao sugerir que o Uno, para se constituir como verdadeiro ser, tem de se autocontemplar, "transbordando" para fora de si mesmo, poderia servir de alegoria à condição do indivíduo, cuja identidade só é pensável a partir do que é comum. O mesmo parece intuir Leibniz, quando escreve, num registro marcadamente plotiniano, que "a diferença pura não contém realidade, porque a realidade é algo de comum que não deve estar contido na diferença pura" (*Die philosophischen Schritfte*, ed. Gehrard, 1978, t. I, p. 271). Põe-se, no entanto, e de imediato, a respeito da tolerância a mesma questão que surge em qualquer outra das muitas aplicações da alegoria: como sobrevive a diferença? No plano original da narrativa neoplatônica, sabemos que todas as sucessivas hipóstases do Uno conservam sua pegada, embora cada vez mais tênue. Há uma hierarquia, que é também uma degradação e que, nessa medida, sugere antes a desigualdade dos níveis de ser; e há, por outro lado, uma vontade de retorno à unidade perdida, a qual se explicita e dinamiza pela negação regressiva de todos os momentos em que o Uno se hipostasiou. Dito por outras palavras, a diferença individual não possui consistência ontológica e a única diferença que subsiste de forma estável é a do vazio universal que, sendo e afirmando-se unicamente nas suas manifestações, faz que elas não sejam senão contingentemente nem se afirmem senão pela negação de si mesmas (cf. Gil, 1984, pp. 204-8). Se algum exemplo, pois, aqui se vislumbra, é o da totalidade que absorve as diferenças produzidas no seu interior e não o da diferença que subsiste apesar da afirmação da totalidade.

Aquilo a que de forma às vezes pejorativa se chamou o tolerantismo foi, sem dúvida alguma, a representação cabal da alegoria plotiniana. Onipotente e onipresente, a razão desvenda-se aí na plenitude das suas funções esquematizante e sistematizadora, eliminando como resíduos do trabalho de categorização todas as opiniões irredutíveis à sua unidade: os preconceitos, as superstições, as ideologias, tudo o que nos alvores do pensamento moderno se desdenhava como erro, paixão ou conhecimento vago. Por meio dessa prática da ascese, que a leva a negar toda a particularização de si mesma em qualquer núcleo de valores substantivos, não abandonando, por outro lado, a postulação do universal como referência ontológica e tentando assim escapar às malhas do niilismo, a "razão Penélope", como lhe chama Bayle, descobrir-se-á confinada, após a crítica kantiana, a uma ordem prática em que a universalidade só é pensável na total ausência de conteúdo do imperativo categórico. As tentativas para hipostasiar de novo o universal, ou seja, para legitimar a objetividade e universalidade de determinadas concepções da verdade e do bem, vão prosseguir, é certo, algumas vezes até escoradas pelo poder político, tanto na sua forma imperial como ditatorial. Debalde, porém, se tentará reinstaurar o *páthos* da unidade perdida: se o Uno é evocado ainda no plano racional, mesmo sob a forma do exercício hermenêutico, é muito mais como nostalgia do que a título de *vis abscondita*, ausência integradora do diverso.

E, no entanto, uma integração tolerante do diverso continua a não ser possível senão por uma ausência, um fio de nada, mesmo que essa ausência já não possa agora configurar-se como se fosse um abismo em cuja voragem se dissolveria não só o particular como também o individual. Em vez de assimilar, digerir o diverso, a tolerância tem, antes de tudo, de reconhecer o outro, seja individual, seja comunalmente. Mas reconhecer é diferente de conhecer e diferente mesmo de compreender. Conhecer alguém é perceber de quem se trata, que sinais de identidade apresenta, que características o definem, de modo a conseguir explicar ou prever os seus comportamentos, a saber lidar com ele. É uma relação em que, de um lado, se perfila um sujeito e, do outro, um objeto que se arruma num dos campos da experiência sensorial ou intelectual. Em termos kantianos, dir-se-ia que o outro é posto como um simples meio, como instrumento e não como fim em si mesmo. O que se passa no ato de compreender é diferente. Aqui, a relação que se estabelece é de uma intersubjetividade e existe, portanto, a presunção de simetria, de igualdade de direitos. Porém, aquele que é compreendido foi previamente desapossado de pelo menos parte da sua alteridade e vê-se reduzido às categorias cognitivas do que compreende. Há receptividade, *simpatia*, mas só na medida em que alguém se vê a si mesmo no outro – "ama o próximo como a ti mesmo" –, isto é, na medida em que a opinião e a vontade do *outro* são representadas como um eco, uma repetição da opinião e da vontade do *mesmo*. Em contrapartida, o reconhecimento inverte a relação, abre uma brecha na identidade do que reconhece e faz ecoar nos seus muros a identidade do outro: os seus interesses, opiniões, o modo de ser e de sentir. Já não se trata apenas de condescendência ou sequer de simetria. O que se estabelece é a possibilidade de assimetria, porquanto, ao reconhecer-se autenticamente o outro, pressupõe-se que ele possa ter razão e venha, assim, a destituir, no todo ou em parte, a razão daquele que reconhece.

 A relação de conhecimento rege-se apenas pelas normas lógicas, segundo *o modus operandi* da chamada "razão instrumental". Longe, todavia, de a circunscrevermos aqui a uma síntese da racionalidade moderna segundo o modelo weberiano – vinculação do espírito capitalista à ética protestante –, ela pode igualmente entender-se como protótipo do olhar com que o europeu da Renascença capta a descoberta de novas gentes e culturas, seja o olhar do guerreiro, que submete ou massacra, o do missionário, que converte, o do colono, que escraviza, ou o do simples cronista, que transcreve, sob a categoria do exótico, a pluralidade do desconhecido. A todos eles assiste a mesma dinâmica de apagamento do outro, dos seus sinais de identidade ou da sua própria identidade como diferença. Todorov enuncia dois gêneros desse mesmo conhecimento: "Colombo [...] capturava índios para completar uma espécie de seleção de naturalista, onde estes eram colocados a par das plantas e dos animais [...]. Nesse caso, podemos dizer que o outro era reduzido ao estatuto de objeto. Cortez não tem o mesmo ponto de vista, mas os índios nem por isso se tornaram sujeitos no sentido total, isto é, sujeitos comparáveis ao *eu* que os concebe. É antes um estatuto intermédio que eles devem ocupar no espírito dele: são sujeitos, é certo, mas sujeitos reduzidos ao papel de produtores de objetos, de artesãos ou malabaristas, cujas habilidades despertam a admiração, mas uma admiração que não apaga, antes reforça, a distância entre estes e ele" (1990, pp. 161-2).

Compreender, segundo o étimo latino, significa, antes de tudo, *tomar, agarrar, apoderar-se*. Desse primeiro ponto de vista, a compreensão pertence ainda ao campo semântico do conhecimento: compreender algo ou alguém seria como *tomar* (uma cidade), apoderar-se (pelo olhar). Mas além deste significado, os dicionários registram também *atar juntamente, atrair* e *chamar a si*. Nesse sentido, a compreensão envolverá sempre um juízo sintético pelo qual se ligam duas entidades que permanecem distintas. Se a essas duas entidades corresponderem duas pessoas ou dois grupos estruturados de pessoas, existirá, por assim dizer, uma predicação mútua e, daí, uma relação dialética em que, segundo o modelo hegeliano, cada uma fará por "compreender", ou seja, por dominar a outra. Urge, então, dirimir o potencial conflito, superar a polêmica. Desse modo, a compreensão apontaria também para uma teoria da comunicação em que, tal como sugere o neorracionalismo de Apel ou de Habermas, as trocas de palavras e argumentos que se dão na realidade são reguladas por uma "comunidade comunicacional ideal". Guiados por esta, os diálogos e as diversas situações de fala estariam intrinsecamente destinados a decantar o subjetivismo, os preconceitos e a ideologia dos interlocutores, abrindo assim as portas a uma comunicação sem outros constrangimentos que os derivados dos bons argumentos. A tolerância, em resumo, seria resultado dessa espécie de luta pela abolição das assimetrias que distorcem a comunicação numa sociedade em que os papéis dos indivíduos e das comunidades ainda estão condicionados pela sua classe, religião, sexo ou raça. O problema que se poderá aqui levantar é, no fundamental, o de saber a que se reduziriam os interlocutores uma vez superados todos os constrangimentos, ou seja, até que ponto a simetria procurada não terá de assentar no apagamento de toda a sua singularidade e na conversão do consenso em monólogo. Levinas enuncia esse mesmo problema ao observar que, "para a tradição filosófica do Ocidente, toda a relação entre o Mesmo e o Outro, quando deixa de ser a afirmação da supremacia do Mesmo, reduz-se a uma relação impessoal numa ordem universal. A própria filosofia identifica-se com a substituição das pessoas pelas ideias, do interlocutor pelo tema, da exterioridade da interpelação pela interioridade da relação lógica" (1980, trad. port., p. 74). Posta a questão de outra forma, se qualquer argumento ou um simples ato de fala pressupõe, além da ideia reguladora de uma comunicação ideal, toda uma comunidade real de interlocutores, cuja identidade não é senão uma biografia – história, portanto, mas também preconceitos partilhados –, a dificuldade irá centrar-se na obtenção do consenso em torno de um discurso crítico, ou melhor, em torno de qualquer programa de emancipação como o que pressupõe a regulação pela situação ideal de fala. Porque, se esta se toma autenticamente como ideia reguladora, então ela deveria antes, como refere Fernando Gil, afirmar "a impossibilidade de preencher as condições obrigatórias de um ato de comunicação", não fazendo senão "sublinhar a distância infranqueável que a separa das práticas efetivas; e os malogros, as falhas da comunicação, não surgiriam como viscosidades secundárias mas como constrangimentos insuperáveis" (1986, p. 271).

O pensamento hermenêutico tem aqui o seu ponto de partida para uma reavaliação do problema. Segundo Gadamer, a compreensão está inevitavelmente marcada pelas condições históricas em que se processa, à semelhança do que acontece com os seus objetos, comprometendo assim as pretensões das chamadas "ciências do espírito" a um paralelismo metodológico com as "ciências da natureza" alicerçado na respectiva formalização e na neutralidade ou a-historicidade do sujeito. Longe, pois, de se guiar ou ser assistida por um plano de comunicação transcendental, visando um consenso sustentado por argumentos racionais e negando, por isso, todas as distorções subjetivas – as "viscosidades" da linguagem –, a compreensão intersubjetiva enraizar-se-ia sempre numa tradição feita de códigos, crenças comuns e preconceitos partilhados, mediante os quais se processa o relacionamento com os outros. Gadamer põe a questão nos seguintes termos: "não é a história que nos pertence, somos nós que pertencemos à história. Muito antes de acedermos à compreensão de nós mesmos pela meditação reflexiva, nós compreendemo-nos de maneira irrefletida na família, na sociedade e no Estado em que vivemos. O foco da subjetividade é um espelho que deforma [...]. É por isso que os preconceitos (*Vorurteil*) do indivíduo, muito mais do que os seus juízos, constituem a realidade histórica do seu ser" (1976, p. 261). Foi já esta, aliás, a base de reabilitação da tradição levada a cabo pelo romantismo. Em realidade, ao reagir contra a *Aufklärung*, o pensamento romântico será tentado a ratificar o irracional e a autoridade da tradição como único esteio legitimador das instituições, sem se dar conta, como observa ainda Gadamer, da simetria que há entre esse seu voluntarismo de preservar o passado e o voluntarismo das Luzes em o criticar. Pôr em abstrato qualquer desses polos é, por um lado, não reparar no lastro de tradições, "legítimas e ilegítimas", em que se escora o mais simples gesto, e esquecer, por outro lado, a opção racional e livre inerente à vontade de reabilitar o irracional sedimentado nos costumes e nas tradições. Como já vimos, a intolerância racional contra a superstição é tão intolerante como a intolerância supersticiosa. Freud aponta à psicanálise, por isso mesmo, a tarefa de consciencialização das determinações que antecipam o ato consciente. E Espinosa sublinha, por diversas vezes, aquilo que se pode ler como a inevitabilidade da imaginação e da paixão no nível dos "modos finitos" que são os indivíduos na história.

Quer isso dizer, em primeiro lugar, que o autorreconhecimento de uma identidade, nesse nível, não se pode furtar à dialética da reciprocidade e exilar-se no solipsismo de uma autonomia incondicionada, de si para si mesmo, tal como esta se apresenta moralmente. Quer, além disso, dizer que o reconhecimento do outro não se processa nem por simples objetivação, tampouco pela "compreensiva" concessão de um direito à igualdade que equivalesse ao direito de ser igual àquele que o concede. Diferente da razão teórica, que se sustenta no princípio da não contradição, diferente da razão prática, que é fundada no acordo consigo mesmo e com "o que dita a consciência", aquilo a que poderíamos chamar a razão tolerante fundamentar-se-á, como já dissemos, no reconhecimento do outro como pura alteridade. Veremos a seguir que tal alteridade não poderá manter-se absolutamente irredutível, sob pena de se impossibilitar logo de início qualquer hipótese de conciliação. Mas é necessário que ela seja tida por absoluta e inassimilável, de modo que as regras de convivência venham a ser a resultante dos vários polos de soberania em presença, ou seja, das várias pessoas implicadas.

Esse tipo de "altruísmo" (que em Levinas é fundamento da ética, na medida em que o reconhecimento de outrem, ao confrontar-me com a possibilidade de o matar, põe a minha liberdade em questão e sujeita a julgamento), poder-se-ia já antever na observação de Leibniz de que "o lugar do outro, em moral como em política, é um lugar adequado para nos fazer chegar a considerações que, de outra forma, não nos chegariam a ocorrer e [de] que tudo aquilo que consideraríamos injusto se estivéssemos no lugar do outro devemos suspeitar que seja injusto" (AK. IV série, vol. III, pp. 903-4; cf. comentário ao texto de Leibniz in F. Gil, 1984, pp. 147-64). Imaginando-me no "lugar do outro", dou-me conta de uma realidade que se me impõe, quer seja a realidade de alguém que agiria contra mim – "princípio do pior" adequado à política, em que se exigem todas as precauções para garantir a segurança –, quer seja a realidade de alguém que está num lugar ou numa situação que eu julgaria injusta se tivesse de estar realmente nela. Não se trata, pois, da simples reiteração da moral cristã, nem sequer é o ponto de vista do outro a fonte das normas justas, hipótese que significaria apenas uma inversão de papéis na dialética do senhor e do escravo. O que funda o justo é, por assim dizer, a "troca" de pontos de vista – eu no lugar do outro, o outro no meu lugar – que obriga cada um a sair de si próprio, da esfera em que racionalmente define os seus objetivos e busca os meios adequados para a esfera em que razoavelmente se chega a critérios de arbitragem e conciliação de objetivos antagônicos.

Mais ainda que em Leibniz, é, no entanto, em Kant que nos aparece explicitada essa experiência de uma intersubjetividade que não se estabelece nem por dominação, nem por dissolução no interior de um qualquer absoluto, seja o da teologia negativa, seja o do Estado totalitário. Na verdade, o autor da *Crítica da faculdade do juízo*, essa faculdade que "constitui um termo médio entre o entendimento e a razão" (Prólogo, V), reabilita a ideia de um sentido comunitário vulgarmente designado por senso comum (*sensus communis*). Trata-se, diz Kant, de uma "faculdade de julgamento que na sua reflexão considera em pensamento (*a priori*) o modo de representação de todo o outro, como que para ater o seu juízo à inteira razão humana […]" (*ibid.*, § 40). Ou seja, enquanto a lógica e a moral remetem para um acordo do pensamento com os seus próprios princípios, o senso comum, ou o juízo, remete sempre para um outro, ou outros, com quem eu presumo um eventual acordo: "isso acontece" – diz ainda Kant – "pelo fato de que atemos o nosso juízo a outros juízos, não tanto efetivos e, quanto muito, meramente possíveis, e transpomo-nos para o lugar do outro, na medida em que simplesmente abstraímos das limitações que acidentalmente aderem ao nosso próprio julgamento" (*ibid.*). O juízo, em suma, definir-se-á, sempre no dizer de Kant, como "uma maneira de pensar alargada" (*eine erweiterte Denkungsart*), o que evidencia, desde logo, mesmo na linguagem comum, uma subjetividade (maneira de pensar), mas uma subjetividade que não se reduz ao empírico, ao "simples gosto dos sentidos", uma vez que pressupõe a universalidade dos seus juízos. Por exemplo, "o juízo do gosto postula o assentimento de qualquer um; o que declara algo belo quer que qualquer um deva aprovar o objeto em apreço e igualmente declará-lo belo" (*ibid.*, § 19). Estamos, portanto, diante de sentimentos, não de conceitos, mas de sentimentos partilháveis, o que só é possível mediante a pressuposição de um sentido comum.

Para o que vínhamos dizendo da tolerância, a formulação kantiana permitirá, talvez, esboçar o modelo de uma articulação do diverso que, por um lado, não se limite a uniformizá-lo e a fazer dele a infinita repetição do mesmo sob o princípio lógico da não contradição e, por outro lado, não se afigure como simples rede de átomos de tradição e cultura incomensuráveis: a multiplicação das "subjetividades" – doutrinárias, étnicas, culturais ou outras – não é contraditória com a existência de um sentido comum, ou seja, de uma "comunicabilidade universal do sentimento". Tal como acontece nos juízos estéticos, que são impensáveis no monólogo de um sujeito sem interlocutores, e que dão por assente que os outros, na medida em que todos podemos abstrair "das limitações que aderem ao nosso próprio julgamento", hão de sentir o mesmo prazer ou desprazer perante a obra de arte, assim também os juízos que se referem à esfera pública, não podendo embora impor-se como verdades racionalmente irrefutáveis, arrastam consigo a mesma presunção e a pretensão de universalidade. Se esses juízos "tivessem um princípio objetivo determinado, então aquele que os profere segundo esse princípio reivindicaria a necessidade incondicionada do seu juízo" (*ibid.*, § 20). Porém, o seu princípio é apenas subjetivo e determina por meio do sentimento e não de conceitos, o que significa que a necessidade implícita no juízo pressupõe a universalidade da disposição para comunicar, o sentido comum, mas não garante a verdade lógica dos conteúdos comunicados. Cada indivíduo, cada comunidade, formula os seus juízos sobre o mundo e as coisas, e esses juízos, se por um lado não abandonam a subjetividade, por outro não podem confundir-se com juízos privados, uma vez que são por natureza "públicos" – ainda quando proferidos na solidão – e vêm movidos pela pretensão de persuadir os outros. Permanecerem subjetivos significa que esses juízos não serão demonstráveis por um raciocínio lógico qualquer: querer, portanto, impô-los sem ser pela persuasão e o diálogo equivale à violência. Não serem privados significa que não se determinam por interesses particulares e a sua "exposição" ao consentimento alheio é ditada apenas pela pressuposição do sentido comum. De outra forma, é impossível pensar uma comunidade de indivíduos – isto é, um mundo sentido em comum ainda que sentido diferentemente, consoante as perspectivas – e, por maioria de razão, uma comunidade de comunidades.

Escusado será dizer que essa comunidade encontra pela frente os obstáculos que derivam do fato de cada um dos elementos que a constituem tomar por incondicionados os seus juízos e esquecer que a necessidade do assentimento universal que atribui à sua crença, história ou tradição, é uma necessidade meramente subjetiva, muito embora se represente como objetiva na pressuposição do sentido comum (cf. *ibid.*, § 22). Mas há que ter também em conta a perspectiva de Kant sobre a "paz perpétua" exigida pela razão, a qual a natureza impede por meio das resistências nacionais – *língua e religião*, diversidades causadoras de ódios recíprocos e guerras – e, ao mesmo tempo, estimula mediante a percepção das vantagens do comércio, dos contratos e dos simples contatos internacionais. Porque, se é verdade que os incitamentos da natureza espelhados nesse gênero de comunicações se regem, em princípio, pelo interesse privado e só numa lógica da "mão invisível" exprimem a racionalidade, não é menos certo que eles constituem igualmente a expressão de um pensamento "alargado", que, como juízo, se coloca acima dos seus próprios condicionalismos para poder pensar no "lugar dos outros" e instituir, desse modo, o espaço público.

O sentido comum surge-nos, assim, como condição de possibilidade para a existência de consensos e acordos, mais ou menos estáveis e mais ou menos vastos, mas sempre na base de uma subjetividade e de juízos racionalmente não vinculativos. É nesse "sentido" que a tolerância se deixa originalmente apreender como uma espécie de disponibilidade para partilhar não tanto o bem – como se julgaria na definição tradicional da tolerância como condescendência –, mas sim o justo. Note-se que a tolerância, começando embora a delinear-se, nos tempos modernos, em simultâneo com a afirmação do individualismo, não se confundiu desde logo com este, por mais frequente que seja o cruzamento de ambos os temas e por muito que eles pareçam fundir-se a partir de certo momento da história das ideias. Com efeito, a tolerância representou, antes de tudo, a procura de um regulamento da coexistência de comunidades religiosas no interior do mesmo espaço geográfico e político. Locke, por exemplo, trata abundantemente o problema da legitimidade de uma intervenção do soberano em matéria de culto, ou seja, de uma política eclesiástica. Em qualquer um dos *Two Treatises of Government* (1660, 1662), é nítida ainda a sua ideia de que a liberdade religiosa é um perigoso veículo de agitação social. E mesmo em *A Letter Concerning Toleration* (1689), uma obra inequivocamente inscrita nos fundamentos do tolerantismo, o ponto de vista continua a ser o do Estado cristão, legitimando a tolerância para com os grupos religiosos e não para com os indivíduos – os ateus, recorde-se, serão excluídos –, e, por outro lado, o do Estado que garante a segurança, excluindo também, em consequência, os católicos por estarem sujeitos a Roma. De início, a tolerância é, pois, pensada como um problema político, no quadro das atribuições de um Estado por sinal ainda nem sequer secularizado. Pelo contrário, o individualismo teoriza-se a partir da experiência daqueles que, tendo pertencido a uma ou mais confissões religiosas, acabaram por apelar para a necessidade de um Estado neutro, sem ligação a qualquer dos credos, de modo a garantir a liberdade do indivíduo diante de todos eles. O caso já aludido de Espinosa é, a esse respeito, esclarecedor, tanto como o de Locke o será para uma perspectiva da tolerância a partir de um Estado com vínculos a uma das confissões ou comunidades em pauta.

No contexto em que a questão é hoje pensada, diríamos que o primeiro dos autores se enquadra no modelo em que a tolerância se traduz no reconhecimento de igual dignidade a todos os indivíduos, enquanto o segundo se encontra no interior do modelo que designamos por multiculturalista, em que a tolerância se traduz, ao menos tendencialmente, no reconhecimento de igual direito a todas as comunidades. Não quer dizer que um e outro desses modelos correspondam exatamente ao que Espinosa e Locke escrevem. Já vimos, até, que este último exclui os católicos do concerto da tolerância, o que seria injustificável aos olhos do multiculturalismo de hoje. Quer apenas dizer que as justificações fundamentais de cada um daqueles modelos, que esquematizam o essencial do debate contemporâneo sobre o assunto, se deixam ler já nos textos de Espinosa e Locke. Este, com efeito, preocupa-se sobretudo com a "tolerância recíproca entre os cristãos" e vê nela o critério pelo qual se distingue a verdadeira Igreja: é cristão tolerar. Para além disso, considera que a adesão a qualquer confissão religiosa deve ser voluntária e que o soberano deve proteger os acusados de heresia, não permitindo que sejam lesados nos seus bens e na vida civil em geral. Mas a esfera civil que tem em mente é uma constelação de Igrejas entre as quais existe um árbitro: "nenhum dogma oposto à sociedade ou aos bons costumes deve ser tolerado pelo governante, mas exemplos disso em qualquer Igreja são muito raros, uma vez que nenhuma seita costuma chegar à insensatez de ensinar como dogma qualquer ato que mine a base da sociedade" (ed. 1963, p. 45). Espinosa, por seu turno, julga a partir do indivíduo, sendo que a sociedade a que se refere é a chamada sociedade de mercado, da maneira que ela se apresenta em Amsterdam, cidade onde "todos os homens, seja qual for a sua nação ou a sua seita, vivem na mais perfeita concórdia e, para fazerem um empréstimo a alguém, a única coisa que os preocupa é saber se é rico ou pobre e se costuma agir de boa ou de má-fé. Quanto ao resto, a que religião ou seita pertence, isso não lhes interessa, visto não contar rigorosamente nada, perante o juiz, para se ganhar ou perder uma causa" (*T.T.-P.*, trad. bras., cap. XX, p. 308).

A discussão dos dois modelos anteriormente mencionados decorre, obviamente, no interior do pensamento liberal. De início, estarão portanto excluídos os projetos que subordinem em definitivo a vontade do indivíduo a uma doutrina, religiosa ou não. Convirá, de resto, lembrar a distinção que Paul Ricoeur formula entre "Estado laico" e "Estado de direito", definindo este último como o Estado verdadeiramente não confessional, na medida em que o primeiro, além da conotação de cruzada anticlerical e antirreligiosa que se lhe poderá associar, tanto designa um Estado que não impõe qualquer crença ou modo de vida como um Estado totalitário que chama a si próprio o exclusivo da verdade (1991, p. 301). Porém, no horizonte liberal, perfila-se toda uma gama de hipóteses que remetem para os dois modelos em confronto, um deles centrado nos direitos individuais *stricto sensu*, implicando um Estado que não privilegie qualquer cultura, religião ou mesmo objetivos comuns, a não ser a liberdade e segurança das pessoas, o outro, em contrapartida, sustentando um Estado que aposta na sobrevivência e engrandecimento de uma ou várias culturas ou nações, até ao ponto em que isso não lese os direitos individuais.

O liberalismo multiculturalista faz à ideia de um Estado neutro as seguintes reservas: não há neutralidade axiológica, uma vez que o liberalismo constitui, em si mesmo, um conjunto de valores; esses valores, ao afirmarem-se de forma hegemônica, comprometem o próprio reconhecimento da identidade dos indivíduos, dado que é impossível reconhecer alguém se não se lhe reconhece o modo como vive e como quer continuar a viver. Por sua vez, o chamado liberalismo "processual" argumenta: o reconhecimento da igualdade das culturas vai contra o princípio da igualdade dos indivíduos, uma vez que este requer que cada um seja tratado independentemente das suas origens; o mesmo reconhecimento implicaria a aceitação de valores que negam os princípios elementares por que se rege a sociedade liberal. É este, sem sombra de dúvida, o ponto fundamental da questão.

Comentando o risco apontado, e a propósito do caso Rushdie, Charles Taylor, assumidamente liberal e multiculturalista, pretende que "o liberalismo não pode nem deve reclamar uma completa neutralidade cultural. O liberalismo é também um credo lutador (*fighting*). Tanto na variante hospitaleira, a que eu adiro, como nas suas formas mais rígidas, tem de traçar um limite. Poderá haver variações quando se trate de estabelecer a lista dos direitos, mas não quando está em causa o incitamento ao assassinato" (1992, pp. 62-3). Taylor acrescenta, antecipando-se às objeções, que não se deve ver aqui nenhuma contradição, pois trata-se apenas de uma daquelas "distinções substantivas" que serão sempre "inevitáveis em política". Todavia, subsiste pelo menos o problema de conhecer o limiar a partir do qual se abandona o campo das variações possíveis, ou seja, qual o resíduo "cultural" não incorporável no espaço de tolerância definido pelo multiculturalismo. Porque há, efetivamente, uma zona intermédia entre os casos inócuos e aqueles, como o da condenação de Rushdie, que são, por assim dizer, "evidências intraduzíveis" e, por isso mesmo, "evidências em conflito". O integrista nunca aceitará o meu princípio, que sobrepõe a liberdade de expressão à autoridade religiosa, da mesma forma que o seu grito de "morte ao blasfemo" a mim me parece evidentemente insustentável. Só uma perspectiva de relativismo sem fronteiras poderia sustentar que o Estado liberal carece de legitimidade para não transigir em casos assim. No entanto, a tolerância joga-se em casos menos flagrantes, discutíveis mesmo dentro dos limites da perspectiva liberal, como se viu através da polêmica sobre o uso do *shador* pelas adolescentes muçulmanas nas escolas da França. Qualquer decisão, nesses casos, virá marcada por uma ponderação e, em última instância, pela preferência por uma das traduções possíveis da tolerância: ou a igualdade de todos os indivíduos, ou a igualdade de todas as culturas.

Argumentam alguns defensores do multiculturalismo que a proteção especial concedida a certas comunidades se destina a corrigir as deformações provocadas no princípio de igualdade por séculos de discriminação, à semelhança, aliás, do que ocorre no plano socioeconômico, em que se generalizam os estímulos de vária ordem – cotas de emprego, lugares nas escolas, subsídios de alojamento, etc. – à limitação da desigualdade. É o próprio Taylor, porém, que desfaz o equívoco. O reconhecimento exigido pelas culturas e nações não se esgota na obtenção de igualdade de oportunidades para os seus membros no conjunto da sociedade: o multiculturalismo quer que os elementos de cada cultura sejam protegidos também na sua legítima expectativa de perpetuar pelas gerações o seu modo de pensar e viver, devendo, por conseguinte, o Estado garantir o ensino da língua que falam e da história que possuem, bem como o respeito pela religião e costumes dos seus maiores. Mas nem sempre é fácil, como referimos, separar do conjunto de tradições as que vão cair sob a alçada da necessária rejeição da sensibilidade liberal, tanto mais que podem estar em jogo estratégias de dissimulação, efeitos a prazo não calculáveis. Em que medida, por exemplo, o culto da identidade de certos grupos, forjada na rejeição da cultura ocidental, não possui em gérmen conflitos sociais graves e não deve, a bem do universo dos cidadãos, ser contido em parâmetros razoáveis?

A questão, porventura, é teoricamente indecidível e apela para soluções prudenciais que ultrapassam a mera opção por um modelo universal. Como faz notar Michael Walzer (in C. Taylor, *op. cit.*, pp. 99-103), a história de cada Estado tem, de início, uma palavra ineludível a dizer. Assim, o multiculturalismo na versão de Taylor não suscitará dificuldades intransponíveis quando pensado na perspectiva do Canadá, onde a comunidade do Quebec está concentrada territorialmente e não põe em causa aquele núcleo de valores inegociáveis do liberalismo, centrando a discussão apenas em torno dos vários modos de aplicação do princípio da igualdade. De forma algo diversa, poderá também fazer algum sentido em países europeus, como Portugal, França, Inglaterra ou Noruega, onde coexistem uma comunidade maioritária, claramente decidida a fazer perpetuar valores próprios, e não apenas processuais, e culturas minoritárias, assentes em valores diversos, desde que se preservem como valores indiscutíveis aqueles princípios que consideramos, porventura sem um sólido suporte racional e no interior unicamente do razoável, constituírem as bases da sociedade em que vivemos. Já não fará, com certeza, qualquer sentido nos Estados Unidos da América, onde não existem comunidades territorialmente estabelecidas e onde a neutralidade e os valores processuais funcionam como coalescência daquilo que é, no dizer de Rawls, "uma união social de uniões sociais".

Em teoria, e feito o cômputo geral, será mesmo possível, como acontece a Walzer, ser multiculturalista tomando o multiculturalismo como a defesa de todos os modos de vida em que livremente querem permanecer determinados grupos de indivíduos e, dentro desse horizonte, optar por um modo de vida, uma cultura, de liberalismo processual. O que não se percebe são as vantagens de tal virtuosismo ou, dito de outro modo, que inconveniente haveria em optar, desde o início, por um liberalismo processual atenuado, com flexibilidade bastante para, conforme as circunstâncias, tolerar manifestações culturais diversas ou interditá-las quando há o risco de porem definitivamente em causa os valores processuais. Em última análise, são estes que qualquer dos modelos quer salvar a todo o custo.

A estratégia argumentativa de Walzer toma por base a verificação, historicamente demonstrável, de que o reconhecimento do indivíduo sem o reconhecimento das suas referências comunitárias degenera em intolerância e, por conseguinte, defende a opção pelo modelo do liberalismo processual só em certas circunstâncias e sempre como uma das hipóteses que se abrem no interior do horizonte multiculturalista. Mas o raciocínio que vale para a identidade dos indivíduos é válido igualmente para as identidades culturais, em cujos fundamentos se descobre uma diversidade de influências e combinações e não a singularidade que os integrismos reivindicam. Se se partir da prioridade do multiculturalismo, ainda que se escolha, dentro dele, a "variante" processual e se não abdique, em caso algum, dos direitos fundamentais, corre-se precisamente o risco de fomentar esse trabalho de ocultação da diversidade inerente a cada cultura, o qual tende a encerrar os elementos do grupo dentro dos seus próprios muros por receio de que o contato, o diálogo e a troca de experiências arruíne a pureza mítica da nação ou da cultura. Pelo contrário, partindo da inteira liberdade de todos os indivíduos, tomando a neutralidade do Estado como referência, será porventura possível não só escapar às potenciais armadilhas de uma mitificação extrema das identidades comunitárias, como também delimitar com maior clareza a fronteira dos princípios cuja infração a cultura liberal, mesmo quando pensada apenas como transversal a todas as que têm de ser tidas em conta, tomará sempre por intolerável.

Referências bibliográficas

Agostinho, Santo
471 "Epistola ad Bonifacium", in *Obras* (ed. bilíngue, vol. XIa, Madri: BAC, 1972).

Anônimo
1776 *Traité des trois imposteurs*, Amsterdam.

Arendt, H.
1962 *On Revolution* (trad. port. Lisboa: Moraes, 1971).

Bayle, P.
1686 *Commentaire philosophique sur ces paroles de Jésus-Christ. Con-train-les d'entrer* (ed. ut. Paris: Presses Pocket, 1992).

Borges, J. L.
1957 *El Aleph* (trad. port. Lisboa: Estampa, 1982).

Certeau, M. de
1975 *L'écriture de l'histoire* (Paris: Gallimard).

Cioran, E. M.
1960 *Histoire et utopie* (Paris: Gallimard).

Conde, C. J. C.
1989 "El naturalismo contemporáneo: de Darwin a la sociobiologia", in Victoria Camps, *Historia de la Ética III* (Madri: Crítica).

Constant, B.
1797 *Des effets de la terreur* (ed. ut. Paris: Champs Flammarion, 1988).

Costa, U. da
[1640] *Exemplar Humanae Vitae*, in Samuel da Silva, *Tratado da imortalidade da alma* (ed. ut. Lisboa: INCM, 1982).

Cranston, M.
1987 "John Locke and the Case for Toleration", in S. Mendus e D. Edwards (orgs.), *On Toleration* (Oxford: Clarendon Press, 1987).

Darwin, C.
1871 *The Descent of Man and Selection in Relation to Sex* (trad. bras. São Paulo: Hemus, 1974).

Dascal, M.
1980 "A pobreza do liberalismo de Popper", in *Ciência e Filosofia*, n.° 2, Universidade de São Paulo, pp. 89-100.
1989 "Tolerância e interpretação", in *Crítica*, Revista Hispanoamericana de Filosofía, vol. XXI, n.° 62, pp. 3-28.

Dumont, L.
1983 *Essais sur l'individualisme* (Paris: Seuil).

Espinosa, B. de
1670 *Tractatus Theologico-Politicus* (trad. bras. São Paulo: Martins Fontes, 2008).

Ferry, L. e Renaut, A.
1988 *Heidegger et les modernes* (trad. port. Lisboa: Teorema, 1989).

Freud, S.
1913 *Totem und Tabu* (trad. franc. Paris: Payot, 1968).
1929 *Das Unbehagen in der Kultur* (trad. franc. Paris: PUF, 1971).

Fukuyama, F.
1992 *The End of History and the Last Man* (trad. port. Lisboa: Gradiva, 1992).

Gadamer, H.-G.
1960 *Wahrheit und Methode* (trad. franc. Paris: Seuil, 1976).

Gellner, E.
1983 *Nations and Nationalism* (Oxford: Basil Blackwell).

Gibbon, E.
1772 *The Decline and Fall of the Roman Empire* (ed. ut. Londres: J. M. Dent and Sons, 6 vols., vol. I, 1936).

Gil, F.
1984 "Leibniz, la place d'autrui, le principe du pire et la politique de la monadologie", in *Passé Présent*, n.° 3, Paris.
1986 "Cruzamentos da Enciclopédia", in *Prelo*, número especial, Lisboa: INCM.

Grégoire, A. H.
1787 *Éssai sur la régénération physique, morale et politique des Juifs* (ed. ut. Paris: Flammarion, 1988).

Hayek, F. A.
1987 "Sources of Intoleration", in S. Mendus e D. Edwards, *op. cit.*

Hume, D.
1739-40 *A Treatise of Human Nature* (ed. ut. David Hume, *Philosophical Works*, Aalen: Scientia, vols. I e II, 1964).

Jerushalmi, Y. H.
1993 "L'antisémitisme racial est-il apparu au XXe siècle? De la *limpieza de sangre espagnole* au nazisme", in *Esprit*, mar.-abr.

Joly, R.
1986 *Origines et évolution de l'intolérance catholique* (Bruxelas: Éditions de l'Université de Bruxelles).

Kamen, H.
1967 *The Rise of Toleration* (trad. esp. Madri: Alianza, 1987).

Kant, I.
1784 "Beantwortung der Frage: was ist Aufklärung", in *Kant's Schriften*, vol. VIII (trad. port. in Kant, *A paz perpétua e outros opúsculos*, Lisboa: Ed. 70, 1988).
1790 "Kritik der Urteilskraft", in *Kant's Schriften*, vol. V (trad. port. Lisboa: INCM, 1992).
1793 "Die Religion innerhalb der Grenzen der blossen Vernunft", in *Kant's Schriften*, vol. VI (trad. port. Lisboa: Ed. 70, 1992).

1795 "Zun Ewigen Frieden", in *Kant's Schriften*, vol. VIII (trad. port. Lisboa: Ed. 70, 1988).
1797 "Die Metaphysik der Sitten", in *Kant's Schriften*, vol. VI (trad. esp. Madri: Tecnos, 1989).

Katz, J.
1981 *Exclusion and Tolerance* (trad. franc. Paris: Lieu Commun, 1987).

Kolakowski, L.
1965 *Swiadomosc Religijna I Wiez Koscielna* (trad. franc. *Chrétiens sans Église*, Paris: Gallimard, 1969).

Labrousse, E.
1985 *La révocation de l'Édit de Nantes* (Paris: Payot).

Lapeyronnie, D.
1991 "La France et la Grand-Bretagne face à leurs minorités immigrées", in *Les Temps Modernes*, n.° 540-541.

Las Casas, B. de
1552 *Brevísima relación de la destrucción de las Indias* (ed. ut. Madri: Sarpe, 1985).

Lecler, J.
1955 *Histoire de la tolérance au siècle de la Réforme*, tomos I e II (Paris: Aubier-Montaigne).

Lefort, C.
1981 *L'invention démocratique* (Paris: Fayard).
1983 "La Terreur révolutionnaire", in *Passé Présent*, n.° 2.

Lênin, V. I.
1958 *Über die Religion*, Berlim: Dietz (trad. port. in *Cadernos Maria da Fonte*, n.° 14, Lisboa, 1974).

Lessing, G. E.
1779 *Nathan der Weise* (trad. esp. Madri: Espasa Calpe, 1985).

Levinas, E.
1980 *Totalité et Infini* (trad. port. Lisboa: Ed. 70, 1988).

Lévi-Strauss, C.
1973 *Anthropologie structurale deux* (Paris: Plon).

1983 *Le regard éloigné* (Paris: Plon).

Lipet, S. M.
1960 *Political Man: Where, How and Why Democracy Works in the Modern World* (Nova York: Doubleday).

Locke, J.
[1660, 1662] *Two Treatises of Government* (ed. crítica por P. Laslett, Cambridge, 1960).
1689 *A Letter Concerning Toleration* (ed. ut. John Locke, *Works*, vol. VI, Aalen: Scientia, 1963).

Lorenz, K.
1968 *Das Sogenannte Böse zur Naturgeschichte der Agression* (trad. port. Lisboa: Moraes, 1979²).

Lucas, Javier de.
2001 "Multiculturalismo y cultura de paz", in José Manuel Pureza (org.), *Para uma cultura de paz* (Coimbra: Quarteto Editora).

Maravall, J. A.
1979 *Poder, honor y élites en el siglo XVII* (ed. ut. Madri: Siglo XXI de España, 1984).

Marcuse, H.
1965 "Repressive Tolerance", in R. P. Wolf, B. Moore, Jr. e H. Marcuse, *A Critique of Pure Tolerance* (Londres: Jonathan Cape, 1974).

Marientras, E.
1976 *Les mythes fondateurs de la nation américaine* (Paris: Maspéro).

Marx, K.
[1843] *Zur Judenfrage*, ed. *Marx-Engels Werke*, vol. I, Berlim: Dietz, 1958-59 (trad. port. Lisboa: Ulmeiro, 1977).
[1845] *Thesen über Feuerbach*, ed. *Marx-Engels Werke*, vol. III, Berlim: Dietz, 1958-59 (trad. port. in Karl Marx e Friedrich Engels, *Textos filosóficos*, Lisboa: Presença).

Mendus, S. e Edwards, D. (orgs.)
1987 *On Toleration* (Oxford: Clarendon Press).

Mill, J. S.
1859 *On Liberty* (ed. ut. Londres: Penguin Classics, 1974).

Nietzsche, F.
1848 *Zur Genealogie der Moral*, trad. franc. *Généalogie de la morale* (Paris: Gallimard, 1971).
1878 *Menschliches Alzumenschliches*, trad. franc. *Humain, trop humain* (Paris: Gallimard, 1966).
1882 *Die Fröhliche Wissenschaft*, trad. port. *A gaia ciência* (Lisboa: Círculo de Leitores, 1996).

Osier, J.-P.
1983 *D'Uriel da Costa à Spinoza* (Paris: Berg International).

Pelayo, M. M. y
1880 *Historia de los heterodoxos españoles* (ed. ut. Madri: BAC, 2 vols., 1978[1]).

Popper, K.
1945 *The Open Society and its Enemies* (Londres: Routlege and Kegan Paul, 2 vols., 1966).
1959 *The Logic of Scientific Discovery* (Londres: Hutchison, 1972).
1987 "Toleration and Intellectual Responsability", in S. Mendus and D. Edwards, *op. cit.*

Rawls, J.
1985 "Justice as Fairness: Political not Metaphysical", in *Philosophy and Publics Affairs*, XIV.

Ricoeur, P.
1991 "Tolérance, intolérance, intolérable", in *Lectures I, Autour du politique* (Paris: Seuil).

Rockefeller, S. C.
1992 "Comment", in C. Taylor, *op. cit.*, pp. 87-98.

Romilli, M. de
1765 "Tolérance", in *Encyclopédie ou Diccionnaire raisonné des sciences, des arts et des métiers*, tomo XVI (Neufschatel: Samuel Faulche).

Rorty, R.
1984 "Solidariedade ou objetividade?" (trad. port. in *Crítica*, n.º 3, Lisboa: Teorema, 1988).

Sanches, M. R.
1994 "Contra o proselitismo ou 'todos somos prosélitos'. Georg Forster acerca da tolerância", in M. J. Carmo Ferreira e L. R. Santos (coords.), *Religião, história e razão da "Aufklärung" ao romantismo* (Lisboa: Colibri).

Scarman, Lord
1987 "Toleration and the Law", in S. Mendus e D. Edwards (orgs.), *op. cit.*

Solomos, J.
1991 "Les formes contemporaines de l'idéologie raciale dans la société britanique", in *Les Temps Modernes*, n° 540-541.

Taguieff, P.-A.
1987 *La force du préjugé* (Paris: La Découverte).

Taylor, C.
1992 *Multiculturalism and "The Politics of Recognition"*, com comentários de Amy Gutmann (ed.), Steven C. Rockefeller, Michael Walzer, Susan Wolf (Princeton: Princeton University Press).

Todorov, T.
1989 *La conquête de l'Amérique: la question de l'autre* (trad. port. Lisboa: Litoral, 1990).

Tort, P.
1983 *La pensée hiérarchique et l'évolution* (Paris: Aubier Montaigne).

Vasconcelos, C. M. de
1922 *Uriel da Costa, Notas relativas à sua vida e às suas obras* (Coimbra: Imprensa da Universidade).

Voltaire
1764 *Diccionnaire philosophique et portatif* (ed. ut. Paris: Garnier Flammarion, 1964).
1772 *Traité sur la tolérance* (ed. ut. Paris: Garnier Flamarion, 1989).

Walzer, M.
1992 "Comment", in C. Taylor, *op. cit.*

Wieviorka, M.
1991 *L'espace du racisme* (Paris: Seuil).

Índice analítico

Abelardo, [Pedro], 27
absolutismos, 30, 36, 102, 103, 104, 120, 125
agnosticismo, 129, 132
Alemanha, 66
Amsterdam, 109, 125, 131, 148
 comunidade judaica de, 23, 109, 131
anticonfissionalismo, 22
antissemitismo, 65-6
apartheid, 67
Apel, Karl-Otto, 140
Arendt, Hannah, 38
Aristóteles, 16, 62
 De Anima, 63
 Ética nicomaqueia, 114
ateísmo, 23, 85, 103, 120-1
Aufklärung, 20, 24, 29, 55, 142
altruísmo, 48-9
arianismo, 104
Aurélio, Diogo Pires, XII, 83
Austrália, 72
Averróis, 81, 85

Bacon, Francis, 94
Bayle, Pierre, autor de *Dictionnaire Historique et Critique*, 5, 23, 26-30, 83, 84-5, 89, 124-5, 129, 138
 Commentaire, 125
benevolência limitada, 46
Berlim, 36
Bíblia, cf. *Sagradas Escrituras*
bibliocentrismo, 24
Bloom, Alain, 129
Bluteau, Pe. Rafael, autor de *Vocabulário português e latino*, 11-2
Böhme, Jacob, 83
Borges, Jorge Luis, 1, 4-5
 El Aleph, 1-2, 4-5, 8
Bossuet, cardeal Jacques Bénigne, autor de *Politique tirée de l'Écriture Sainte*, 2, 5, 22, 85
budismo, 92

Calepino, Ambrósio, 11
calvinismo, 24, 29
Calvino, João, 30
Canadá, 72, 151
canibalismo, 62
capitalismo, 139
Castellión, Sebastião, autor de *Tratado da arte de duvidar e acreditar*, 29, 30

Catarina II da Rússia, 35
ceptismo, 16, 17, 26, 29
Certeau, Michel de, 2, 22
César, Júlio, 101
China, 44, 67, 112
Cioran, Émile Michel, 6
Claudel, Paul, 13
Colombo, Cristóvão, 140
colonialismo, 61
comunismo, 40, 52, 53, 123
concentração do poder político e econômico, 43
Conde, Camilo José Cela, 51
conde-duque de Olivares, 109
Confederação de Varsóvia, 103
confucionismo, 92
consensualismo, 8, 21
conservadorismo, 115
Constant, Benjamin, 37
construtivismo, 128
contratualismo, 17, 18, 46
controvérsias, 22
Corão, 82, 86
Cortés, Hernán, 140
cosmopolitismo estoico, 24, 45
Costa, Uriel da, autor de *Exemplar humanae vitae*, 23
Cranston, Maurice, 109
cristianismo, cristãos, católicos, 48, 52-3, 62-3, 77 ss., 102, 125, 143, 147
Cromwell, Thomas, 109
Cronos, 40
Cruzadas, 105
Cuba, ilha de, 44
Cusa, Nicolau de, 5
   De docta ignorantia, 21
   De pace fidei, 21

D'Alembert, Jean Le Rond, 17
Darwin, Charles, autor de *The Descent of Man*, 47, 48, 49
Dascal, Marcelo, 95, 97, 123, 124
Declaração sobre a liberdade religiosa, 86
deísmo, 23, 29, 33, 34-5, 85
despotismo, 36, 42
Descartes, René, cartesiano, 83, 85, 89
Diderot, Denis, 17, 35
diferencialismo, 60, 68-9, 71, 72-3, 124
Dinamarca, 36
direito do mais forte, 50-1
direito natural, cf. *jusnaturalismo*
dogmas, 4, 8, 21, 23, 24, 27, 33, 84, 91, 113, 121, 133, 148
donatistas, 80-1
Dumont, Louis, 3

Édito de Constantino, 18
Édito de Nantes, 24-5, 104, 105, 109, 112
emirados árabes, 111
empirismo, 47, 58
Encyclopédie, 2, 6, 17, 120
Erasmo de Roterdam, 21, 29
escravatura, 36, 50, 67
Espanha, 65, 67, 70
Espinosa, Baruch de, autor de *Tratado teológico-político*, 18, 20, 23, 35, 56, 83, 90, 104, 109, 130, 142, 147, 148
Estado e indivíduo, 57-8, 128-9, 130-1, 152
Estado e religiões, 39, 90, 102-5, 107-8, 121, 146-8, 150-1

Estados Unidos da América, 14, 35, 36, 65, 72, 151
estruturalismo, 69
etnocentrismos, 61, 132
eugenismo, 49
eurocentrismo, 71-2
Europa, 4, 22, 26, 36, 60, 65, 69, 72, 74, 91, 104-5, 108, 151
Europa Central, 131
evolucionismo, 48

falibilismo, 93
fanatismo, 37, 93, 105, 120
fascismo e nazismo, 44, 66, 123
Ferry, Luc, 56
feudalismo, 57
Feuerbach, Ludwig, 38-9
Fichte, Johann Gottlieb, 58-9
Ficino, Marcilio, 21
Figueiredo, Cândido de, 13
filosofia da história, 80
França, 36, 44, 69, 70, 71-2, 109, 151
    Antigo Regime, 37
    revolução, república, 35, 37-8, 39-40, 41, 56
    Terror, 37, 38, 40, 60
Franck, Sebastien, 83
Frederico II da Prússia, 35
Freud, Sigmund, 51-3, 142
    Mal-estar na civilização, 51
    Totem e tabu, 51
Fromm, Erich, 55
Fukuyama, Francis, 110, 112

Gadamer, Hans-Georg, 98, 141-2
Galton, Francis, 36
Gellner, Ernest, 60

Gibbon, Edward, autor de *Decline and Fall of the Roman Empire*, 101
Gil, Fernando, 137, 141, 143
Gobineau, Joseph Arthur, conde de, 36
Grócio, Hugo de Groot, dito, 29-30, 64
    De imperio summarum potestatum circa sacra, 30
    De jure belli ac pacis, 29
guerras de religião, 22, 102, 103, 104-5

Habermas, Jürgen, 140
Hansen, João Adolfo, XV
Hayek, Friedrich A., 7
Hegel, Georg-William-Friedrich, 5, 140
    Princípios da filosofia do direito, 56
Henrique IV, rei de França, 104, 105, 112
Herder, Johann Gottfried, 58-9
heresias, hereges, 2, 5, 23, 25, 26, 34, 80, 82, 104, 106
Hobbes, Thomas, autor de *Leviathan*, 19, 47, 112
Holanda, Aurélio Buarque de, 13
Homero, 50
homo universalis, 20, 24, 33, 48-9, 51-3, 55-7, 60-1, 63
Horkheimer, Max, 55
huguenotes, 109
humanismos, 20, 21, 29, 56, 83
Hume, David, autor de *A Treatise of Human Nature*, 46, 47, 48
    "Caráter das Nações", 47

Idade Média, 27, 57, 85, 105, 107
idolatria, 106, 107
igualitarismo, 33, 64, 68, 95, 128, 131, 149, 150
iluminismo, 29, 30, 45-6, 55-6, 64, 85, 91, 93, 121, 142
Império Romano, 80-1, 85, 101
indiferentismo, 15
individualismos, 24-5, 33, 40, 46, 58, 68, 72, 132, 146
Inglaterra, 44, 69-71, 74, 151
Royal Comission on Population, 70
Inquisição, 106, 108-9
integrismo, 132, 150, 152
irracionalismo, 94, 95, 97, 98, 142
islamismo, 74, 86-7
Israel, 82, 106
Itália, 70, 108

Japão, 95
Jefferson, Thomas, 14, 128
Jenkins, Roy, 71
Jerushalmi, Joseph Hayim, 65, 66
Joly, Robert, 85
judeus, judaísmo, 23, 34-5, 65-6, 66n, 81, 85, 87, 90, 105-6, 131
jurisprudência, 73
jusnaturalismo/direito natural, 18, 29, 46

Kamen, Henry, 104
Kant, Immanuel, 18, 28, 31, 47, 55, 138, 144-6
  A paz perpétua, 47
  A religião nos limites da simples razão, 18
  Crítica da faculdade do juízo, 144
  Metafísica dos costumes, 31
  Resposta à pergunta: o que são as Luzes?, 30, 35
Katz, Jacob, 107, 108
Kolakowski, Leszck, 22

La Boétie, Étienne de, 37
Labrousse, Elisabeth, autora de *La révocation de l'Édit de Nantes*, 25, 104, 105, 125
laicismos, 72, 148
Lapeyronnie, Didier, 70
Las Casas, Pe. Bartolomé de, autor de *Brevísima relación de la destrucción de las Indias*, 42, 62 ss.
Leão XIII, papa, 85-6
  Immortale Dei, encíclica, 86
Lecler, Joseph, 18, 21, 27, 29, 79
Lefort, Claude, 37, 41, 68, 128
Leibniz, Gottfried Wilhelm, 22, 137, 143-4
Lenine, Vladimir Illich, 39
  Discurso ao I Congresso Geral dos Operários, 39
  Sobre a religião, 39
Lessing, Gotthold Ephraim, autor de *Nathan der Weise*, 19-20, 34, 35
Lévi-Strauss, Claude, 61
Levinas, Emmanuel, 141, 143
liberalismo, 3, 4, 12, 41, 43, 103, 110, 113, 114, 121-2, 123, 128-9, 133, 148-50, 151-2
liberdades, 19, 33, 35, 36, 37, 38, 41, 43, 55, 63, 86n, 96, 98, 110, 111, 121, 122, 125, 130, 131-2, 133, 152

Liga Hanseática, 108
limpezas étnicas, 65, 66, 66n
Lipset, Seymour Martin , 110
literatura panfletária, 34
livres-pensadores e libertinos, 2, 30
Locke, John, 89-90, 109, 112, 119-20, 147-8
 A Letter concerning Toleration, 89, 90, 119-20, 147
 Two Treatises of Government, 147
logocentrismo, 92
Londres, Bolsa de, 109
Lorenz, Konrad, 51
Lucas, Javier de, X
Luís XIV, rei de França, 25, 41, 112
Lutero, Martim, 38, 79
Lyssenko, Trofim Denisovich, 41

Maimônides, 81, 85
Maistre, Joseph de, 56, 58
Maravall, José Antônio, 66n
Marcuse, Herbert, IX-X, 42-4
Marientras, E., 14
Marx, Karl, 38-40
 A questão judaica, 39
 Teses sobre Feuerbach, 39
marxismos, 39-40, 42
materialismo ateu, 39
Médio Oriente, 104
Menéndez Pelayo, Marcelino, 16
metafísica, 26
Mill, John Stuart, autor de *On Liberty*, 41-2, 60, 93, 121, 122, 123, 130, 131
Mirabeau, IX, 15, 31
Mirandola, Pico della, 21
mística protestante, 30

Montaigne, Michel Eyquem de, 22, 26, 28
Montesquieu, Charles de Secondat, barão de, autor de *L'esprit des lois*, 42, 56
moral sense, 47
More, Thomas, 21
Mórmons, 42, 131
muçulmanos, 65-6, 66n, 106, 132, 150
multiculturalismo, 2, 3, 70-1, 72, 74, 113-4, 121-2, 130-1, 147-8, 149, 151, 152
nações, nacionalismo, 57, 58, 60
natureza humana, 20, 30-1, 45, 53, 55
Negros, 65
neodarwinismo, 48
neoplatonismo, 137
neorracionalismo, 140-1
nestorianismo, 104
Nicolai, Christian Friedrich, 35
Nietzsche, Friedrich, autor de *Humano, demasiado humano*, 49-50
 A gaia ciência, 50n
 A genealogia da moral, 50
noaquitas, 23
Noruega, 151

opinião pública, 60, 121
ortodoxia/heterodoxia, 1-2, 5, 7, 22, 24, 26-7, 104, 115, 120
ortodoxia/ortodopraxia, 113
Osier, Jean-Pierre, 35
Os três impostores, manifesto, 34
Oviedo y Valdez, Gonzalo Fernandes de, 63

Padres da Igreja, 39
Parsons, Talcott, 111
Pascal, Blaise, 38
Paz de Augsbourg, 79
paz perpétua, 46, 146. *Cf. Kant*
Pélisson, 5
Península Ibérica, 63, 131
Peyrère, Isaac de la, autor de *Os pré-adamitas*, 24
pirronismo, 22, 26
Platão, 122
Plotino, 6, 137
poligamia, 131
politeísmo, 18, 50n
Polônia, 103
Popper, Karl, 91, 93 ss., 122-3, 130
Portugal, 151
pós-modernismo, 92
Prometeu, 12
protestantismo, 104, 139
psicanálise, 55, 142
público/privado, 4, 25, 47, 57, 101, 113, 121
Pureza, José Manuel, X
puritanismo, puritanos, 36, 109

Quebec, 151
querelas teológicas, 1, 23-4
Quine, Willard, 98

racionalismo, 29, 35, 36, 41, 45, 62, 64, 83, 89, 91, 94-5, 95-6, 96-7, 124-5, 128, 139, 151
racismo e xenofobia, 4, 14, 24, 36, 49, 61, 62, 64, 65 ss., 66, 69, 71, 132
razão ocidental, 61, 69
razão universal, 45, 61, 64, 89, 92

Rawls, John, X, 28, 58, 102, 128, 151
Reforma, 21, 22, 25, 102
Reimarus, Hermann, autor de *Apologia ou defesa do adorador de Deus guiado pela razão*, 34
reis católicos, 66
relativismo, 26, 68, 92, 95, 115, 124, 132, 150
Renascença, 20, 82, 139
Renaut, Alain, 56
República Sul-Africana, 67
revolução russa, 53
Richelieu, cardeal, 91, 105
Ricoeur, Paul, 115, 127, 128, 133, 148
Robespierre, Maximilien de, 37, 38, 44
Rockfeller, Steven C., 3, 113, 119
Roma, 108
romantismo, 55, 58, 60, 142
Romilly Filho, 2
Rorty, Richard, 113
Rousseau, Jean-Jacques, 45
Rushdie, Salman, autor de *Versos satânicos*, 132, 149-50

Sagradas Escrituras, 29, 33, 36, 63, 77 ss., 89-90
sagrado/profano, 8
Saint-Etienne, Rabaut, 15
Saint-Just, Louis Antoine, 37, 44
Sanches, Francisco de, 22
Sanches, Manuela Ribeiro, 36
Sandoval, Frei Prudêncio de, autor de *Historia de la vida y hechos del emperador Carlos V*, 65-6

Santo Agostinho, 79, 80, 81, 83, 84n, 86n
São Boaventura, 27
São João Crisóstomo, 79
São Paulo, 53
São Tomás de Aquino, 25-6, 27, 81, 82, 86n, 106
Scarman, Lord, 72
Segunda Guerra Mundial, 70
seitas religiosas, 7, 18, 23, 34, 83, 84, 89, 93, 148
senhor/escravo, 143
Sepúlveda, Gines de, 62 ss.
Silva, Antônio Morais e, 12
sociedade aberta, 123, 124
sociobiologia, 48, 50-1
Sócrates, 91
solipsismo, 142
Solomos, John, 71
Sozzini, Fausto, 84, 89
Stalin, Josef, 40-1
Strauss, David Friedrich, 38
Suárez, Francisco, 64

Taguieff, Pierre-André, 68
Talmude, 82, 106
Taylor, Charles, 113, 133, 149-50, 151
teocratismo, 82
Tertuliano, 18
Thatcher, Margareth, 74
Tocqueville, Alexis de, 36
Todorov, Tzvetan, 63, 64, 139
tomismo, 29
tribunais civis e eclesiásticos, 25, 28, 30
Torre de Babel, 2
Tort, Patrick, 49
Trótski, Leon, 41
Tse-Tung, Mao, 124

universalismo, cf. *Homo universalis*
URSS, 67

Vasconcelos, Carolina Michaëlis de, 131
Vaticano, 66, 86, 109, 120
Veneza, 108
verdade absoluta, universal, 28, 82, 91
Vieira, Pe. Antônio, XV, 109
violência, 17, 18, 19, 23, 24, 37, 42, 44
Volkgeist, 58
Voltaire, François Marie Arouet, dito, autor de *Dictionnaire Philosophique*, 2, 17, 18, 19, 20, 90-1, 93, 95, 109, 120
Lettres philosophiques, 109
Traité sur la tolérance, 91, 120

xintoísmo, 92

Walzer, Michael, 152
Weber, Max, 139
Wieviorka, Michel, 36
Wolf, Robert Paul, IX

IMPRESSÃO E ACABAMENTO:
YANGRAF Fone/Fax: 2095-7722
e-mail:santana@yangraf.com.br